新形式対応

TOEIC® L&R TEST パート5特急 基本の150

神崎 正哉
Daniel Warriner

JN049846

朝日新聞出版

編集協力 ─────── 渡邊真理子
　　　　　　　　Joe F
　　　　　　　　Bradley Towle
　　　　　　　　たか

録音協力 ─────── 英語教育協議会（ELEC）
　　　　　　　　東健一
　　　　　　　　Howard Colefield

もくじ

Unit 1

Unit 2

　本書はTOEIC L&RのPart 5のための学習書で、同パートで出題される短文穴埋め形式の問題を150問収録してあります。基本的な問題が中心になっているので、現在のスコアが400点〜700点くらいの初級〜中級の方に適しています。

　Part 5は、TOEICの7つのパートの中で、最もスコアを伸ばしやすいパートです。Part 5では、文法と語彙の知識が試されますが、文法問題は出題される文法事項が限られています。頻繁に出題されるのは、品詞の用法に関する問題と動詞の形に関する問題なので、これらの問題でポイントとなる文法を覚えれば、効率よく正答率を上げることができます。

　本書では、150問中、前半の60問が「文法問題」になっています。ここで取り上げている問題は、学習の効果が出やすい品詞問題と動詞の形の問題に限定してあります。まずはこの60問を通して、Part 5の頻出文法をしっかり身に付けてください。

　後半の90問は「語彙問題」です。語彙問題は、それぞれの語句の意味や用法を覚える必要があるので、学習効果が表れるまでに時間がかかります。ただし、語彙力はTOEICのすべてのパートに不可欠で、TOEICスコアは、語彙力に比例すると言っても過言ではありません。TOEICの総合点を上げるためには、語彙力を伸ばす努力を続けてください。本書の問題中に出てきた知らない語句を1つ1つ覚えることで、全パートの正答率向上につながります。

　なお、本書では、通常文法問題に分類されることの多い、前置詞、接続詞、関係詞などの問題も「語彙問題」に入れ

てあります。これらの問題は、品詞や動詞の形の問題に比べて汎用性が低いので（例えば、関係代名詞whichの用法を覚えても、関係代名詞whichの用法を問う問題以外では役立たない）、あえて「語彙問題」に含めてあることを心に留めておいてください。

　本書の150問をしっかり学習して、類似問題を確実に解けるようにしておけば、TOEICを受ける際、Part 5が得点源になります。さらに上を目指す方は、『1駅1題 TOEIC® L&R TEST 文法特急』（花田徹也著）や『TOEIC® L&R TEST パート5特急 420問ドリル』（神崎正哉／Daniel Warriner著）に挑戦してください。逆に、文法の基礎力不足で本書の解説を読んでも理解できないという方は、『TOEIC® L&R TEST 初心者特急パート5』（神崎正哉／Daniel Warriner著）や『TOEIC® L&R TEST 出る問特急 金の文法』（TEX加藤著）を使って、文法の基礎固めをしてから、本書に再挑戦することをお勧めします。また、本書の学習を通じて、語彙力不足を痛感した方は、『TOEIC® L&R TEST 出る単特急 銀のフレーズ』（TEX加藤著）や『TOEIC® L&R TEST 出る単特急 金のフレーズ』（TEX加藤著）を使って、語彙力を鍛えましょう。前者は初心者用、後者は中上級者用の単語集です。

　本書を使った学習が皆さんのTOEICスコアアップの起点になることを願っています。

2023年4月
神崎正哉

🚃 まとめ

- ☑ 文法問題60問＋語彙問題90問＝計150問収録
- ☑ まずは即効性のある文法問題から始めて、その後、語彙問題へ
- ☑ 文法問題を解く前に7〜9ページの「頻出文法チェックリスト」で頻出文法を確認して、知らない項目について調べる
- ☑ 問題文と例文中に出てきた知らない語句を覚える
- ☑ 読み上げ音声を使って、声に出す練習をする

🚃 Part 5は文法と語彙

本書にはTOEICのPart 5形式の問題が150問収録されています。Part 5は「短文穴埋め問題」で、短文中の空欄を埋めるのに適切な選択肢を選ぶという形式です。このパートで試されるのは、文法と語彙の知識で、知っているかどうかで勝負が決まります。よって、Part 5の問題を解けるようになるためには、文法と語彙の知識を増やす必要があります。

🚃 時間対効果が高い文法問題

文法の知識が試される文法問題と、語彙の知識が試される語彙問題では、学習効率が異なります。文法の知識は汎用性が高いので、ある程度文法の知識が身に付いてくると、解ける問題が飛躍的に増えます。それに対して、語彙の知識は汎用性が低いので、覚えた知識を活用して解ける問題が限られます。ある語句の意味や用法を覚えても、その知識をPart 5の問題で生かせるのは、同じ語句が出題された

場合のみです。よって、文法問題の方が短い学習時間で効果が出ます。費やした時間に対するリターンが大きいので、時間対効果が高いと言えます。

　本書では、時間対効果を考慮して、収録問題150問を「文法問題」と「語彙問題」に分類しました（前半60問が「文法問題」、後半90問が「語彙問題」）。文法問題は、特に即効性の高い品詞問題と動詞の形の問題に限定し、時間対効果の低い文法問題（例えば、前置詞、接続詞、関係詞など）は、あえて語彙問題の中に入れてあります。

　まずは、前半の文法問題60問を使って、品詞問題と動詞の形の問題を確実に解けるようになりましょう。品詞問題は、品詞の用法を問う問題で、選択肢には同じ語の派生語が並びます。動詞の形の問題は、動詞の用法を問う問題で、選択肢には同じ動詞の変化形が並びます。この2つのタイプの問題は、Part 5で頻繁に出題され、ほとんどの問題が限られた文法知識で解けるので、学習の時間対効果が高くなります。

🚌 頻出文法の確認

　品詞問題と動詞の形の問題で必要となる文法のチェックリストを用意しました。もし知らない項目があったら、文法書やネットの文法解説サイト等で学んでから、本書の文法問題に挑んでください。

頻出文法チェックリスト

品詞の基本事項

1. 名詞を修飾するのは形容詞
   - 現在分詞（-ing 形）や過去分詞も名詞を修飾する
   - 名詞が名詞を修飾することもある（複合名詞）

2 be 動詞の後ろに形容詞
- be 動詞と形容詞の間に副詞が来ることもある
- be 動詞の後ろには名詞が来ることもある
3 動詞を修飾するのは副詞
4 形容詞を修飾するのも副詞
5 副詞を修飾するのも副詞
6 a/an/the + 〈空欄〉+〈前置詞〉の並びは名詞
- a/an の場合は単数形の名詞
- 空欄の前に形容詞が来ることもある
7 代名詞の所有格（our, their, his など）の後ろは名詞
- 所有格と名詞の間に形容詞が来ることもある
8 主語は名詞（名詞相当語句も可）
9 動詞の目的語は名詞（名詞相当語句も可）
10 前置詞の後ろは名詞（名詞相当語句も可）

動詞の基本事項

1 文には述語動詞（主語に対応した動詞）が必要
2 接続詞の後ろは節（主語＋動詞）
- 接続詞の直後の主語が省略され、現在分詞 (-ing 形)や過去分詞が続くこともある（主語と動詞の間に能動の関係があれば現在分詞、受動の関係があれば過去分詞）
3 主語の単複に動詞の形を合わせる
4 主語と動詞の間に能動の関係があれば能動態、受動の関係があれば受動態

時制

1 反復的に行われる行為は現在形
2 過去の一時点を特定する語句があれば過去形
- 過去の一時点で進行中の行為は過去進行形
- 仮定法過去の条件節も過去形

③ 過去のある行為より前に行われた行為は過去完了形
- 仮定法過去完了の条件節も過去完了形

④ 過去から現在まで続く期間が示されていれば現在完了形
- 現在と切り離された過去では、現在完了形は不可

⑤ 未来に起こることは未来形 (will + 原形)
- 未来の一時点までに完了またはそれまで継続している行為は未来完了形 (will + have + 過去分詞)
- 現在進行形や be going to ～も未来を示す
- 現在形で未来を示すこともある (公式の予定など)
- 時や条件を示す節では、現在形で未来を表す

-ing 形 (現在分詞・動名詞)、過去分詞、to 不定詞

① 現在分詞 (-ing 形) と過去分詞は名詞を修飾する
- 名詞と動詞の間に能動の関係があれば現在分詞、受動の関係があれば過去分詞 (動詞が示す行為が進行中であれば現在分詞、完了していれば過去分詞というパターンもある)

② 動詞には、後ろに to 不定詞が続くもの、動名詞 (-ing 形) が続くもの、両方可能なものがある

③ to 不定詞には名詞や疑問詞の後ろに続く用法がある

④ to 不定詞で目的を表すことができる

⑤ 動名詞 (-ing 形) は名詞同様、主語になったり、前置詞の後ろに来たりする

⑥ 動名詞は動詞同様、後ろに目的語を取れる

　上記の文法知識を身に付けて、問題を解く際に応用できるようにしておけば、Part 5 の文法問題の 9 割は解けるようになります。

🚋 語彙学習に対する心構え

　文法問題が終わったら、語彙問題に進んでください。本書の語彙問題で取り上げられている語句が本番の TOEIC でまったく同じ形で出題される可能性は、それほど高くありません。ただし、語彙力は、TOEIC スコアアップの要です。本書の語彙問題を通じて覚えた語句が Part 5 以外のパートに出てくることもあります。語彙力アップはスコアアップに直結することを念頭に置いて、本書の語彙問題に取り組んでください。また、文法問題を含め、本書の問題には、TOEIC の頻出語句がたくさん使われています。知らない語句があったら、しっかり覚えるようにしてください。TOEIC 受験の際、それらの語句がどこかのパートで答えを導く鍵になるかもしれません。「これらの語句は本番で役立つ」という意識で語彙学習をすると記憶によく定着します。

🚋 学習の進め方

　以下の手順で学習を進めることをお勧めします。

　1 問題を解く
　　見開きの右側のページに Part 5 形式の短文穴埋め問題が1問あります。空欄を埋めるのに適切な選択肢を1つ選んでください。

　2 問題文中の語句を語注で確認
　　問題文の載っているページの下部に語注を用意してあります。問題文中に知らない語句があったら、この語注で意味を確認してください。比較的やさしい語句にまで語注を付けてあるので、ここで確認すれば、問題文の意味は理解できるはずです。なお、選択肢になっている語句には、語注を付けてありません。

③ 次ページで答え合わせ

　選択肢を選んだら、次のページで答え合わせをしてください。空欄に答えが入った問題文（正答部分に下線）、訳、解答、問題タイプ、解法のポイント、解説、不正解の選択肢を使った例文が載っています。上から順番に目を通してください。また、文法や語彙に関して不明な箇所があったら、必要に応じて自分で調べてください。

④ 語彙学習

　問題文と例文中に知らない語句があったら、覚える努力をしましょう。本書の問題には TOEIC の頻出語句がたくさん使われているので、覚えておくと本番で目にする可能性が高いです。

⑤ 本書には、問題文と例文をネイティブスピーカーが読み上げた音声があります（音声を聴く方法は次ページ参照）。学習の仕上げとして、この音声を聴いて、声に出す練習をすることをお勧めします。問題文と例文で学んだ文法や語彙を体に染み込ませるつもりで、何回も繰り返してください。文を丸ごと暗記するくらいまでやると、記憶の深い部分に残り、忘れません。

本書で用いられる記号表記

名 名詞	**動** 動詞	**形** 形容詞
副 副詞	**前** 前置詞	**接** 接続詞

◀ 音声を聴く方法 ▶

アプリで聴く方法

AI 英語教材アプリ abceed

iOS・Android 対応

無料の Free プランで音声が聞けます。

https://www.abceed.com/

※ご使用の際は、アプリをダウンロードしてください。
※abceed 内には本書の有料アプリ版もあります。
※使い方は、www.abceed.com でご確認ください。

また、mikan アプリにも対応しています。詳細はカバー
内側に記載の QR コードからご覧ください。

パソコンで聴く方法

本書の音声は、下記の朝日新聞出版 HP から
ダウンロードしてください。

https://publications.asahi.com/toeic/

Google などの検索エンジンで

朝日新聞出版　基本の150

と入力して検索してください。

文法問題 60問

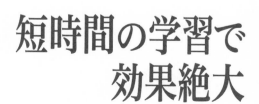

短時間の学習で
効果絶大

「文法問題」の学習の進め方

1. 文法問題60問を解く前に7〜9ページの「頻出文法チェックリスト」を確認してください。知らない項目があったら、問題を解く前に文法書や文法学習サイトで調べておくことをお勧めします。

2. 見開きの右ページの上部に問題、下部に語注があります。まずは語注を見ないで解いてください。知らない単語があって答えを選べない場合は、語注を見てから解いてください。ただし、選択肢の語句に対する語注はありません。

3. 選択肢を選んだら、ページをめくって答え合わせをしてください。

4. 文法問題の問題タイプは「品詞」と「動詞の形」の2種類です。

5. **ポイント** という項目では、解法のポイントを短く示してあります。「動詞を修飾するのは副詞」「名詞を修飾するのは形容詞」「主語と動詞の間に受動の関係」「過去から現在まで続く行為は現在完了形」のようなフレーズで問題の核心を表します。

6. 不正解の選択肢に例文を付けてあります。

7. 問題文と例文中に知らない単語があったら、覚えましょう。

8. 問題文と例文の読み上げ音声を聴いて、声に出す練習をしましょう。

1. Soybean imports from Brazil have increased this year as a ------- of rising demand for animal feed.

(A) results
(B) resulting
(C) result
(D) resulted

□ **soybean** 名 大豆
□ **import** 名 輸入
□ **increase** 動 増える
□ **rising** 形 増加する
□ **demand** 名 需要
□ **feed** 名 餌、飼料

1. Soybean imports from Brazil have increased this year as a <u>result</u> of rising demand for animal feed.

動物用飼料の需要増加の結果として、今年ブラジルからの大豆の輸入が増えている。

正解 (C) result 品詞

<u>ポイント</u> **a ------- of には名詞の単数形**

空欄前後が a ------- of という並びになっているので、名詞の単数形が入る。よって、(C) result（結果）が正解。as a result of ～で「～の結果として」。result は、動詞では「起こる、結果となる」の意。

(A) results は、名詞の複数形、動詞の3人称単数現在形。
The survey results are available on our Web site.
調査結果は、弊社ウェブサイトで入手できます。

(B) resulting は、動詞の -ing 形（現在分詞・動名詞）、形容詞で「結果として生じる」。
The fridge fell over, but the resulting damage was not considerable.
冷蔵庫が倒れたが、結果として生じた損傷は大きくはなかった。

(D) resulted は、動詞の過去形・過去分詞。result in ～で「～をもたらす」。
Our promotional efforts resulted in a significant increase in sales.
販売促進活動は、大幅な売り上げの増加をもたらした。

2. A few weeks ago, Mr. Whitaker -------
looking into how he could finance his
timber business.

(A) has begun
(B) began
(C) were beginning
(D) begin

□ **look into** 〜　〜を調査する
□ **finance**　動 資金調達する
□ **timber**　名 木材

2. A few weeks ago, Mr. Whitaker <u>began</u> looking into how he could finance his timber business.

数週間前、Whitakerさんは、自身の木材事業への資金をどのように調達するか調べ始めた。

正解 **(B) began** 動詞の形

ポイント **A few weeks ago が過去の指標**

文頭のA few weeks ago（数週間前）が過去の指標なので、過去形の (B) began（始めた）が正解。現在完了形の (A) has begunは、A few weeks agoのように過去の一時点が示されている文では用いない。

(A) has begunは、動詞begin（始める、始まる）の現在完了形。

Please remain seated once the performance has begun.

一旦演奏が始まったら、着席したままでいてください。

(C) were beginningは、過去進行形。

The hikers were beginning to get tired by mid-afternoon.

ハイカーたちは、昼下がりまでに、疲れ始めていた。

(D) beginは、原形・現在形。

Planning for the fall festival will begin soon.

秋祭りの計画立案は、もうすぐ始まる。

3. Although Mr. Randall's dive shop has only been in business for six months, it has ------- become profitable.

(A) quick
(B) quickly
(C) quickness
(D) quicker

□ **although** 接 ～だけれども
□ **dive** 名 ダイビング
□ **be in business** 商売を行っている
□ **profitable** 形 利益になる、もうかる
□ **become profitable** 利益を出すようになる
　（becomeの過去形はbecame、過去分詞はbecome）

3. Although Mr. Randall's dive shop has only been in business for six months, it has <u>quickly</u> become profitable.

Randall さんのダイビングショップは6ヶ月しか商売を行っていないが、すぐに利益を出すようになった。

正解 (B) quickly 品詞

ポイント 動詞を修飾するのは副詞

空欄には、後ろの動詞becomeを修飾する語が必要。よって、副詞の (B) quickly (すぐに) が正解。(A) quickにも副詞の用法があり、quicklyと同義だが、動詞の前に来る用法はない。

(A) quickは、形容詞で「素早い」、副詞で「素早く」。quick question は「簡単な質問」。

I'd like to ask you a quick question about travel expenses.

旅費について簡単な質問をしてもよろしいでしょうか。

(C) quicknessは、名詞で「素早さ」。

The quickness of the team's star player amazed the spectators.

チームのスター選手の素早さは、観客を感嘆させた。

(D) quickerは、quick の比較級。

The journey is quicker by train than by bus.

その旅は、バスよりも電車のほうが早い。

4. The fifty-liter receptacle made by Dresko has a ------- bucket for easy cleaning.

(A) removable
(B) removing
(C) removed
(D) removal

□ **receptacle** 名 容器
□ **made by ～** ～製の
□ **bucket** 名 バケツ
□ **cleaning** 名 清掃

4. The fifty-liter receptacle made by Dresko has a <u>removable</u> bucket for easy cleaning.

Dresko製の50リットル容器には、簡易清掃用に取り外し可能なバケツが付いている。

正解 (A) removable　品詞　

ポイント　**removableは「取り外し可能な」**

空欄前後がa ------- bucketという並びになっているので、空欄に入る語は後ろの名詞bucket（バケツ）を修飾する。文法的には、すべての選択肢が名詞を修飾することが可能だが、意味を考えると、形容詞の(A) removable（取り外し可能な）が適切。a removable bucketで「取り外し可能なバケツ」。

(B) removingは、動詞remove（取り除く）の-ing形（現在分詞・動名詞）。

Workers are removing fallen branches from the park.

作業員は、落ちた枝を公園から取り除いている。

(C) removedは、動詞の過去形・過去分詞。have a tooth removedで「歯を抜いてもらう」。

Jerry went to the dentist to have a tooth removed.

Jerryは、歯を抜いてもらうために歯科医に行った。

(D) removalは、名詞で「取り外すこと、除去」。

The city will increase its snow removal fees next year.

市は来年、除雪費を上げる。

22

5. The costs involved in the installation of various household appliances ------- on the contractor's Web site.

(A) were detailing
(B) are detailed
(C) will detail
(D) to detail

□ **involved in** 〜 〜に伴う
□ **installation** 名 設置
□ **various** 形 さまざまな
□ **household** 形 家庭の
□ **appliance** 名 電化製品
□ **contractor** 名 請負業者

5. The costs involved in the installation of various household appliances <u>are detailed</u> on the contractor's Web site.

さまざまな家電製品の設置に伴う費用は、請負業者のサイトで詳しく説明されている。

正解 (B) are detailed　動詞の形

ポイント　主語と動詞の間に受動の関係

主語 The costs (費用) と動詞 detail (詳しく説明する) の間に「費用が詳しく説明される」という受動の関係があるので、受動態の (B) are detailed が正解。

(A) were detailing は、過去進行形。

Throughout the cooking show, the chefs were detailing how to make a soufflé.

料理番組全体を通して、シェフたちはスフレの作り方を詳しく説明していた。

(C) will detail は、未来形。

At the next meeting, Mr. Clark will detail the plans for the project.

次の会議で、Clark さんがプロジェクトの計画を詳しく説明する。

(D) to detail は、to 不定詞。

The doctor asked Crystal to detail her diet and exercise routine.

医師は、Crystal に食事と運動の習慣を詳述するよう求めた。

6. The musicians performed their most celebrated songs in front of an enthusiastic ------- at the outdoor venue.

(A) crowds
(B) crowding
(C) crowd
(D) crowded

□ **perform** 動 演奏する
□ **celebrated** 形 有名な、世に知られた
□ **in front of 〜** 〜の前で
□ **enthusiastic** 形 熱狂的な
□ **outdoor** 形 屋外の
□ **venue** 名 会場

6. The musicians performed their most celebrated songs in front of an enthusiastic <u>crowd</u> at the outdoor venue.

そのミュージシャンたちは、野外会場の熱狂的な観客の前で彼らの最も有名な歌を演奏した。

正解 (C) crowd 品詞

ポイント a/an＋形容詞の後ろには名詞の単数形

空欄前後が an enthusiastic ------- at という並びなので、名詞の単数形が入るので、(C) crowd（観客）が正解。crowd は、動詞では「群がる」。

(A) crowds は、名詞の複数形、動詞の3人称単数現在形。

Rommel Tech drew large crowds to its trade show booth.

Rommel Tech は、展示会ブースに大勢の人を集めた。

(B) crowding は、動詞の -ing 形（現在分詞・動名詞）。

Quite a few people are crowding around the new sculpture.

かなり多くの人々が新しい彫刻の周りに群がっている。

(D) crowded は、動詞の過去形・過去分詞、形容詞で「混み合った」。

The restaurant was crowded, so we had to wait for a table.

レストランは混んでいたので、私たちはテーブルを待つ必要があった。

7. Next Thursday, Mr. James ------- a seminar for aspiring entrepreneurs on how to start a successful business.

(A) was leading
(B) has led
(C) will lead
(D) to lead

□ **aspiring** 形 〜になろうとする、〜を目指す
□ **entrepreneur** 名 起業家
□ **how to 〜** 〜する方法
□ **successful** 形 成功する
□ **business** 名 事業、会社

7. Next Thursday, Mr. James <u>will lead</u> a seminar for aspiring entrepreneurs on how to start a successful business.

来週の木曜日、James さんは起業家を目指す人を対象に、成功する事業の始め方に関するセミナーを行う。

正解 (C) will lead　動詞の形

ポイント　Next Thursday が未来の指標

文頭の Next Thursday（来週の木曜日）が未来の指標になっているので、未来を示す（C）will lead が正解。動詞 lead は「率いる」の他に、セミナーやワークショップを目的語に取ると「行う、担当する」の意味になる。

(A) was leading は、過去進行形。

Ms. Lee called the man who was leading the investigation.

Lee さんは、調査を指揮していた男性を呼んだ。

(B) has led は、現在完了形。lead の過去形・過去分詞は led。

The new president has led the company to greater profitability.

新社長は、会社をより大きな収益性へと導いた。

(D) to lead は、to 不定詞。

Doug volunteered to lead the training workshop.

Doug は、自ら進んで研修会を担当することを申し出た。

8. We guarantee that our appliances are
------- reliable and last longer than
products made by other companies.

(A) high
(B) higher
(C) highest
(D) highly

□ **guarantee** 動 保証する
□ **appliance** 名 電化製品
□ **reliable** 形 信頼できる、確実な
□ **last** 動 耐える、持続する
□ **last longer** 長持ちする

8. We guarantee that our appliances are <u>highly</u> reliable and last longer than products made by other companies.

当社の電化製品は非常に信頼性が高く、他社製品より長持ちすることを保証いたします。

正解 (D) highly　品詞

ポイント　形容詞を修飾するのは副詞

空欄前後がour appliances are ------- reliableという並びなので、後ろの形容詞 reliable (信頼できる) を修飾する語が入る。形容詞を修飾するのは、副詞なので、(D) highly (非常に) が正解。(A) highにも副詞の用法があるが、「高く」の意味で、通常fly high (高く飛ぶ)、rise high (高く上る) のように動詞を後ろから修飾する。

(A) highは、形容詞で「高い」、副詞で「高く」。

Customer privacy is a high priority at Richmond Corp.

Richmond Corp. では、顧客のプライバシーは、優先度が高い。

(B) higherは、highの比較級。

A change in marketing led to higher sales.

マーケティングの変化がより高い売り上げにつながった。

(C) highestは、highの最上級

We make watches of the highest quality.

私たちは、最高品質の腕時計を製造しています。

9. Taking a bicycle tour of the Napa Valley is a great way ------- this beautiful region.

(A) experiences
(B) had experienced
(C) has experienced
(D) to experience

□ **take a tour of 〜**　〜をツアーで周る
□ **way**　名 方法
□ **region**　名 地域

9. Taking a bicycle tour of the Napa Valley is a great way <u>to experience</u> this beautiful region.

Napa Valley を自転車ツアーで周ることは、この美しい地域を体験する素晴らしい方法である。

正解 (D) to experience　動詞の形

ポイント　way ＋ to 不定詞で「〜する方法」

way の後ろに to 不定詞を続けると「〜する方法」という意味になるので、動詞 experience (体験する) の to 不定詞 (D) to experience を使い、a great way to experience this beautiful region (この美しい地域を体験する素晴らしい方法) とする。experience は、名詞では「経験」。

(A) experiences は、動詞の 3 人称単数現在形、名詞の複数形。

The journalist shared his experiences with the students.

そのジャーナリストは、彼の経験を学生と共有した。

(B) had experienced は、過去完了形。

The company had experienced a decline in revenue for several years before it was acquired by its competitor.

その会社は、ライバル会社に買収される前、数年に渡り、収益の減少があった。

(C) has experienced は、現在完了形。

Sudan has experienced drought in recent months.

この数ヶ月、スーダンは干ばつを経験している。

10. Strong winds blew down many trees in Wellington on Tuesday, causing ------- damage to property.

(A) considers
(B) considerable
(C) considering
(D) considerably

□ **blow down ～**　～を吹き倒す（blowの過去形は blew、過去分詞はblown）
□ **cause**　動 引き起こす、原因となる
□ **damage**　名 損害、被害
□ **cause damage to ～**　～に損害を与える
□ **property**　名 所有物、不動産、土地建物

10. Strong winds blew down many trees in Wellington on Tuesday, causing <u>considerable</u> damage to property.

火曜日に、Wellingtonで強風が多くの木を吹き倒し、所有物にかなりの損害を与えた。

正解 **(B) considerable** **品詞**

ポイント **名詞を修飾するのは形容詞**

空欄前後がcausing ------- damage to property (所有物に〜損害を与えた) という並びなので、後ろの名詞damage (損害) を修飾する語が入る。よって、形容詞の(B) considerable (かなりの) が適切。considerable damageで「かなりの損害」。

(A) considersは、動詞consider (検討する、考慮する) の3人称単数現在形。

The personnel department considers dozens of applications every month.

人事部は毎月、数十の応募書類を検討する。

(C) consideringは、動詞の-ing形 (現在分詞・動名詞)、または「〜を考慮すれば、〜を考えると」という意味の前置詞・接続詞。

Brenda has been considering moving to New Zealand.

Brendaは、ニュージーランドへ移住することを考えている。

(D) considerablyは、副詞で「かなり」。

This winter is considerably colder than last winter.

この冬は、去年の冬よりかなり寒い。

11. While working for Mackenzie Consulting, Mr. Campbell ------- company executives and clients to various locations.

(A) drive
(B) driving
(C) driven
(D) drove

□ **executive** 名 幹部
□ **client** 名 顧客
□ **various** 形 さまざまな
□ **location** 名 場所

11. While working for Mackenzie Consulting, Mr. Campbell <u>drove</u> company executives and clients to various locations.

Mackenzie Consulting に勤務している間、Campbell さんは会社の幹部や顧客をさまざまな場所へ車で送った。

正解 (D) drove　動詞の形

ポイント **主語が単数**

この文には述語動詞がないので、空欄には主語Mr. Campbellを受ける述語動詞が必要。3人称単数の主語を受ける形として、drive（運転する）の過去形（D) drove が適切。(A) drive は、3人称単数の主語には不適切。drive〈人〉to 〜で「〈人〉を〜へ車で送る」。

(A) drive は、動詞の原形・現在形、名詞で「運転」。

David will drive to Connecticut tomorrow.

David は明日、Connecticut へ車で行く。

(B) driving は、動詞の -ing 形（現在分詞・動名詞）。

Always pay attention to other cars while driving.

運転中は、常に他の車に注意を払ってください。

(C) driven は、動詞の過去分詞。

The car was bigger than anything Nina had driven before.

その車は、Nina が以前に運転したどの車よりも大きかった。

12. This memo serves as a reminder of city hall policy regarding the ------- of personal electronic devices.

(A) used
(B) use
(C) useful
(D) using

□ **serve as** ～ ～の役割を果たす、～となる
□ **reminder** 名 注意喚起のメッセージ
□ **policy** 名 方針
□ **regarding** 前 ～に関する
□ **electronic device** 電子機器

12. This memo serves as a reminder of city hall policy regarding the <u>use</u> of personal electronic devices.

このメモは、個人用電子機器の使用に関する市役所の方針について、注意喚起の役割を果たします。

正解 (B) use　品詞

ポイント **the ------- of には名詞**

空欄前後が the ------- of という並びなので、空欄には名詞が入る。よって、(B) use (使用) が正解。動詞の -ing形 (動名詞) も名詞と同様の働きをするので、(D) using を使い、the using of ～としても文法的には誤りではないが、「個人用電子機器の使用」では、通常 the use of ～を用いる。

(A) used は、動詞の過去形・過去分詞、形容詞で「使われた、中古の」。

The Qwikkup Coffeemaker has a range of useful features.

Surveys were mailed to customers who used our service.

アンケートは、当社のサービスを利用した顧客に郵送された。

(C) useful は、形容詞で「役に立つ」。

The Qwikkup Coffeemaker has a range of useful features.

Qwikkup Coffeemaker には、さまざまな便利な機能があります。

(D) using は、動詞の -ing形 (現在分詞・動名詞)。

We have stopped using paper invoices.

我々は、紙の請求書の使用をやめた。

13. Even though rain ------- for Friday morning, the company picnic has yet to be postponed.

(A) expecting
(B) expects
(C) to be expecting
(D) is expected

□ **even though ~**　～であるが
□ **have/has yet to ~**　まだ～していない
□ **postpone**　動 延期する

13. Even though rain <u>is expected</u> for Friday morning, the company picnic has yet to be postponed.

金曜日の朝は雨の見込みであるが、会社のピクニックはまだ延期されていない。

正解 (D) is expected　動詞の形

ポイント　rainとexpectの間に受動の関係

主語rain（雨）と動詞expect（予期する）の間に「雨が予期される」という受動の関係があるので、(D) is expectedを使い、受動態にする。rain is expectedで「雨が予期されている＝雨の見込みである」。

(A) expectingは、-ing形（現在分詞・動名詞）。

We are expecting many applicants for the position.

我々は、この職への多くの応募者を期待している。

(B) expectsは、3人称単数現在形。

Mr. Morris expects to be reelected to the board.

Morrisさんは、役員に再選されることを期待している。

(C) to be expectingは、to不定詞の進行形。

The audience seemed to be expecting an encore.

観客は、アンコールを期待しているようだった。

14. Ms. McCoy is always happy to share her
------- with her students in regard to their
paintings.

(A) impressionable
(B) impressions
(C) impressive
(D) impress

□ **be happy to ~** 喜んで~する
□ **share** 動 共有する
□ **in regard to ~** ~に関して
□ **painting** 名 絵画

14. Ms. McCoy is always happy to share her <u>impressions</u> with her students in regard to their paintings.

McCoyさんは、生徒が描いた絵に関して、いつも自分の印象を喜んで彼らと共有する。

正解 (B) impressions　品詞

ポイント　所有格のherの後ろは名詞

空欄前後がher ------- withという並びなので、名詞が入る。よって、(B) impressions (印象) が正解。share A with〈人〉で「Aを〈人〉と共有する」。

(A) impressionableは、形容詞で「影響を受けやすい、感受性が強い」。

Children in elementary school are especially impressionable.

小学校の子供は、特に影響を受けやすい。

(C) impressiveは、形容詞で「素晴らしい、印象的な」。

All the premium suites have impressive furnishings and décor.

すべてのプレミアムスイートには、素晴らしい家具と装飾がある。

(D) impressは、動詞で「好印象を与える、感動させる」。

These sales figures will impress the chief operating officer.

これらの売上高は、最高執行責任者に好印象を与えるであろう。

15. Freshco Foods, a major produce distributor, has over fifty trucks ------- crops around the country.

(A) transportation
(B) to transport
(C) transports
(D) will transport

□ **major** 形 主要な
□ **produce** 名 農産物
□ **distributor** 名 卸業者
□ **crop** 名 農作物
□ **around the country** 全国各地に

15. Freshco Foods, a major produce distributor, has over fifty trucks <u>to transport</u> crops around the country.

大手農産物卸業者のFreshco Foodsは、全国各地に農作物を輸送するために50台以上のトラックを保有している。

ポイント **to不定詞は目的を表す**

述語動詞のhasがあるので、述語動詞の(C)と(D)は不可。to不定詞は目的を表すので、動詞transport（輸送する）のto不定詞(B) to transportを使い、to transport crops around the country（全国各地に農作物を輸送するために）とする。

(A) transportationは、名詞で「輸送、交通機関」。

Bangkok plans to spend more on public transportation.

Bangkokは、公共交通機関により多くの費用をかける予定である。

(C) transportsは、動詞の3人称単数現在形。

A free shuttle transports hotel guests to and from the airport.

無料シャトルバスがホテルの宿泊客を空港へ送迎する。

(D) will transportは、未来形。

The pipeline will transport 500,000 barrels of oil per day.

そのパイプラインは、1日当たり50万バレルの石油を輸送することになる。

16. Before it merged with Vincent Electric, Barrows ------- a wide range of household goods.

(A) has produced
(B) was produced
(C) produced
(D) produces

- □ **merge** 動 合併する
- □ **a wide range of 〜** 幅広い〜
- □ **household** 形 家庭用の
- □ **goods** 名 商品

16. Before it merged with Vincent Electric, Barrows <u>produced</u> a wide range of household goods.

Vincent Electricと合併する前、Barrowsは幅広い家庭用品を製造していた。

正解 (C) produced　動詞の形

ポイント　Before it merged が過去の指標／主語と動詞の間に能動の関係

前半の Before it merged with Vincent Electric（Vincent Electricと合併する前）の時制は過去形で、後半はその時点より前のこと。また、後半の主語Barrowsは社名で、動詞produce（製造する）との間に能動の関係がある。よって、過去形で能動態の (C) produced が正解。

(A) has produced は、現在完了形。

Over the years, the dairy farm has produced all sorts of cheeses.

長年に渡って、その酪農場は、あらゆる種類のチーズを生産している。

(B) was produced は、受動態の過去形。

A promotional video was produced for the firm last month.

先月、その会社のために宣伝用動画が作られた。

(D) produces は、3人称単数現在形。

Agbrio produces toys and games for preschoolers.

Agbrioは、未就学児のための玩具やゲームを製造する。

17. At the end of her presentation, Ms. Ridley spent ------- half an hour answering questions from the audience.

(A) nearly
(B) nearest
(C) neared
(D) nears

🗙 □ **presentation** 名 プレゼンテーション
□ **audience** 名 聴衆

17. At the end of her presentation, Ms. Ridley spent <u>nearly</u> half an hour answering questions from the audience.

Ridley さんは、プレゼンテーションの終わりに30分近く聴衆からの質問に答えた。

正解 (A) nearly　品詞

ポイント　形容詞的な語を修飾するのは副詞

空欄後に続く half an hour の half は、量を示す限定詞で、「半分の」という形容詞的な意味を持つ。形容詞的な働きをする語は、形容詞と同じように副詞が修飾するので、(A) nearly (ほぼ、〜近く) が正解。

(B) nearest は、形容詞 near (近い) の最上級。

The nearest subway station is about ten minutes away on foot.

最寄りの地下鉄駅は、徒歩で約10分の所にある。

(C) neared は、動詞 near (接近する、近づく) の過去形・過去分詞。

The captain made an announcement as we neared the airport.

空港に近づくと、機長がアナウンスを行った。

(D) nears は、動詞の3人称単数現在形。

As the product launch nears, the staff is getting excited.

製品の発売が近づくにつれて、スタッフは興奮してきている。

18. Your participation in this survey is
------, and your responses will be kept
confidential.

(A) voluntary
(B) volunteer
(C) voluntarily
(D) volunteering

□ **participation** 名 参加
□ **survey** 名 調査
□ **response** 名 回答
□ **confidential** 形 秘密の

18. Your participation in this survey is
<u>voluntary</u>, and your responses will be kept
confidential.

この調査へのあなたの参加は任意で、あなたの回答は秘密に
扱われます。

正解 (A) voluntary　品詞

ポイント　be動詞の後ろに形容詞

主語がYour participation（あなたの参加）なので、be動詞の後
ろに形容詞の (A) voluntary（任意の）を続けると意味が通る。

(B) volunteerは、名詞で「ボランティア、自発的に行う人」、
動詞で「ボランティア活動をする、自発的に行う」。

Working as a volunteer for a charity is emotionally
rewarding.

チャリティのためにボランティアとして働くことは、精神的に報わ
れる。

(C) voluntarilyは、副詞で「任意に、自発的に」。

The company voluntarily recalled its product after
discovering a design flaw.

その会社は、デザイン上の欠陥を発見した後、自発的に製品を回収
した。

(D) volunteeringは、動詞の -ing形（現在分詞・動名詞）。

Anyone interested in volunteering for the cleanup
should call the event organizer.

清掃のボランティアをすることに興味がある人は、イベント主催者
に電話してください。

19. The directors of Kortron Optics are considering ------- new equipment for the company's manufacturing plant.

(A) acquire
(B) acquisition
(C) acquiring
(D) to acquire

□ **director**　名 取締役
□ **equipment**　名 機器
□ **manufacturing**　名 製造、製造業
□ **plant**　名 工場

19. The directors of Kortron Optics are considering <u>acquiring</u> new equipment for the company's manufacturing plant.

Kortron Opticsの取締役は、製造工場用に新しい機器を購入することを検討している。

正解 (C) acquiring　動詞の形／品詞

ポイント　considerの後ろは -ing形

動詞considerは、「～することを考慮する、検討する」を意味する場合、動詞の-ing形（動名詞）が続くので、動詞acquire（得る、購入する、買収する）の動名詞（C) acquiringが正解。considerの後ろには、to不定詞は続かない。

(A) acquire は、動詞の原形・現在形。

Voggel will acquire Tyrell Skincare for about one billion dollars.

Voggelは、Tyrell Skincareを約10億ドルで買収する。

(B) acquisition は、名詞で「買収、獲得、習得」。

Armil Industrial announced its acquisition of Flotwell Cable today.

Armil Industrialは本日、Flotwell Cableの買収を発表した。

(D) to acquire は、to不定詞。

Kings Library is planning to acquire new books after its annual fundraiser.

Kings図書館は、年次資金集めイベントの後、新しい本を購入する予定である。

20. Following the instructions in the manual
------- proper installation of the solar panel.

(A) to ensure
(B) will ensure
(C) will be ensured
(D) has been ensured

□ **follow** 動 従う
□ **instruction** 名 指示
□ **proper** 形 適切な
□ **installation** 名 設置
□ **solar panel** 太陽光パネル

20. Following the instructions in the manual <u>will ensure</u> proper installation of the solar panel.

マニュアルの指示に従うことが太陽光パネルの適切な設置を確実にする。

正解 (B) will ensure 動詞の形

ポイント 主語と動詞の間に能動の関係

この文には述語動詞がないので、主語 Following the instructions in the manual（マニュアルの指示に従うこと）に対応した述語動詞が必要。主語と動詞 ensure（確実にする）の間には、「マニュアルの指示に従うことが（太陽光パネルの適切な設置を）確実にする」という能動の関係があるので、(B) will ensure が正解。

(A) to ensure は、動詞 ensure（確実にする、保証する、確保する）の to 不定詞。

Police officers were deployed to ensure security at the protest.

抗議運動での安全を確保するために警察官が配置された。

(C) will be ensured は、受動態の未来形。

The privacy of patients will be ensured throughout the treatment process.

患者のプライバシーは、治療の過程を通して確保される。

(D) has been ensured は、受動態の現在完了形。

Access to fresh water has been ensured for the community.

地域社会のために新鮮な水の供給が確保されている。

21. The president remarked that the company's greatest ------- was its transformation into a medical equipment maker.

(A) achieves
(B) achieving
(C) achievement
(D) achievable

□ **remark** 動 述べる
□ **transformation** 名 転換、変化
□ **medical** 形 医療の
□ **equipment** 名 機器
□ **maker** 名 メーカー

21. The president remarked that the company's greatest <u>achievement</u> was its transformation into a medical equipment maker.

社長は、その会社の最大の偉業は医療機器メーカーへの転換であると述べた。

正解 (C) achievement 品詞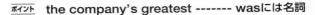

ポイント the company's greatest ------- was には名詞

空欄前後は、the company's greatest ------- was（所有格＋形容詞〈空欄〉be動詞）という並びになっているので、名詞の (C) achievement（偉業）が正解。the company's greatest achievement で「その会社の最大の偉業」。

(A) achieves は、動詞 achieve（達成する）の 3 人称単数現在形。

Mr. Norton will not give up until he achieves his goal.

Norton さんは、目標を達成するまであきらめない。

(B) achieving は、動詞の -ing 形（現在分詞・動名詞）。

The team leaders are achieving their objectives for this year.

チームリーダーたちは、今年の目標を達成しつつある。

(D) achievable は、形容詞で「達成可能な」。

Although it did not seem achievable, the sales target was reached.

達成可能なようには見えなかったが、販売目標は達成された。

22. The factory ------- will leave more than 500 people in Cleveland without a job.

(A) close
(B) closed
(C) closure
(D) closes

□ **leave** 動 ある状態にさせる（過去形・過去分詞は left）
□ **more than** ～ ～以上の
□ **without** 前 ～なしの

22. The factory <u>closure</u> will leave more than
500 people in Cleveland without a job.

工場の閉鎖は、Cleveland で500人以上を失業させる。

正解 (C) closure 品詞

ポイント **closureは「閉鎖」**

The factory -------が主語なので、空欄には名詞が入る。空欄
後の will leave more than 500 people in Cleveland with-
out a job (Cleveland で500人以上を失業させる) の意味を考える
と、(C) closure (閉鎖) が合う。(A) close は「終わり、終了」
という意味の名詞にもなるが、factory close という言い方は
しない。

(A) close は、動詞で「閉まる、閉める」、形容詞で「近い」、
名詞で「終わり、終了」、副詞で「近くに」。

We will contact you before the close of business
today.
本日の業務終了前にご連絡します。

(B) closed は、動詞 close の過去形・過去分詞、形容詞で
「閉じた、閉まった、休業中の」。

Bayview Bridge is closed to traffic due to icy
conditions.
Bayview 橋は凍結状態のため、通行止めになっている。

(D) closes は、動詞の3人称単数現在形。

The store closes at 6 P.M. on Sundays.
その店は、日曜日午後6時に閉店する。

23. The Costa Rica Inn is the only hotel ------- on the national register of historic buildings.

(A) lists
(B) listings
(C) listed
(D) had listed

□ **national** 形 国の
□ **register** 名 登録簿
□ **historic building** 歴史的建造物

23. The Costa Rica Inn is the only hotel <u>listed</u> on the national register of historic buildings.

Costa Rica Innは、国の歴史的建造物登録簿に掲載されている唯一のホテルである。

正解 (C) listed　動詞の形／品詞

ポイント　hotelとlistの間に受動の関係

この文には、述語動詞isがあるので、空欄に入る語は、前のthe only hotel（唯一のホテル）を修飾する。the only hotelと動詞list（掲載する）の間には、「ホテルが掲載される」という受動の関係があるので、(C) listed（掲載された）が正解。only hotel listedは、the only hotel that is listedのthat isが省略された形。

(A) listsは、動詞の3人称単数現在形、名詞list（リスト）の複数形。

Rex Patterson's new novel is on several bestseller lists.

Rex Pattersonの新しい小説は、いくつかのベストセラーリストに載っている。

(B) listingsは、名詞listing（一覧表、項目、リスト）の複数形。

You can view TV listings with this app.

このアプリを使って、テレビの番組表を見ることができます。

(D) had listedは、過去完了形。

The teacher had listed some instructions on the whiteboard before the students arrived.

教師は、生徒が来る前にホワイトボードにいくつかの指示を載せた。

24. The new shopping mall will be easily ------- by car and have 2,000 parking spaces.

(A) accessibility
(B) accessible
(C) accessibly
(D) access

□ **easily** 副 簡単に
□ **parking space** 駐車スペース

24. The new shopping mall will be easily
<u>accessible</u> by car and have 2,000 parking
spaces.

新しいショッピングモールは車で簡単に行けて、2,000台の駐車スペースを持つようになる。

正解 (B) accessible　品詞

ポイント　be動詞の後ろに形容詞

The new shopping mall (新しいショッピングモール) が主語で、will be easily ------- という並びなので、形容詞の(B) accessible (到達できる) が適切。

(A) accessibility は、名詞で「近づきやすさ、利用しやすさ、アクセスしやすさ」。

Seattle is increasing Internet accessibility in public locations.
Seattle は、公共の場所でのインターネットへのアクセスしやすさを高めている。

(C) accessibly は、副詞で「近づきやすく、利用しやすく、入手しやすく」。

Bella-Q sells clothing and accessories that are accessibly priced.
Bella-Q は、購入しやすい価格設定の衣類やアクセサリーを販売している。

(D) access は、名詞で「アクセス、接近手段」、動詞で「アクセスする」。名詞では、access to ～ (～へのアクセス) の形で使うことが多い。

Use the back door for easy access to the beach.
ビーチへの簡単なアクセスに裏口を使用してください。

25. The city council assured residents that the water pollution problem -------.

(A) is addressing
(B) would have addressed
(C) will be addressed
(D) to be addressed

□ **city council** 市議会
□ **assure** 動 断言する、保証する
□ **resident** 名 住民
□ **pollution** 名 公害、汚染

25. The city council assured residents that the water pollution problem <u>will be addressed</u>.

市議会は住民に、水質汚染問題は対処されると断言した。

正解　(C) will be addressed　動詞の形

ポイント　主語と動詞の間に受動の関係

空欄には、that節の主語the water pollution problem（水質汚染問題）に対応した動詞が必要。動詞address（対処する、言及する）との間には、「水質汚染問題が対処される」という受動の関係があるので、(C) will be addressed（対処される）が正解。

(A) is addressingは、現在進行形。

The theater is addressing complaints about people talking during movies.

映画館は、映画の上映中に話をする人についての苦情に対処している。

(B) would have addressedは、過去の事実に反する仮定の文（仮定法過去完了）で用いられ、「対処／言及していただろう」。

She would have addressed the issue if the meeting had been longer.

会議がもっと長ければ、彼女はその問題に言及していただろう。

(D) to be addressedは、受動態のto不定詞。

The problem needs to be addressed as soon as possible.

この問題は、できるだけ早く対処される必要がある。

26. All coffee makers made by Falcon Appliance easily come apart ------- thorough cleaning.

(A) to allow
(B) allows
(C) allowed
(D) will allow

□ **easily** 副 容易に、簡単に
□ **come apart** バラバラになる
□ **thorough** 形 徹底的な
□ **cleaning** 名 洗浄、清掃

26. All coffee makers made by Falcon Appliance easily come apart <u>to allow</u> thorough cleaning.

Falcon Appliance製のすべてのコーヒーメーカーは、徹底的な洗浄を可能にするため、容易に分解できる。

正解　(A) to allow　動詞の形

ポイント　to不定詞は目的を表す

この文には、述語動詞comeがあるので、空欄には述語動詞は入らない。動詞allow（可能にする）のto不定詞 (A) to allowを入れると、to allow thorough cleaning（徹底的な洗浄を可能にするため）でコーヒーメーカーが容易に分解できることの目的を示す形になる。

(B) allowsは、動詞allow（許す、可能にする、与える）の3人称単数現在形。

Fleetwood allows employees to take three breaks a day.

Fleetwoodは、従業員に1日3回休憩を取ることを許可している。

(C) allowedは、過去形・過去分詞。

No one is allowed in the storeroom after 8 P.M.

午後8時以降は、誰も倉庫への立ち入りを許されていない。

(D) will allowは、未来形。

The deadline extension will allow us more time to finish up.

締切の延長は、私たちに仕上げるための時間をより多く与える。

27. Although the company was -------
accused of misleading consumers with its
commercials, it continued the advertising
campaign.

(A) repetition
(B) repeated
(C) repeatedly
(D) repeat

□ **although** 接 ～だけれども
□ **accuse** 動 非難する
□ **mislead** 動 欺く（過去形・過去分詞はmisled）
□ **consumer** 名 消費者
□ **commercial** 名 コマーシャル
□ **continue** 動 続ける
□ **advertising campaign** 広告キャンペーン

27. Although the company was <u>repeatedly</u> accused of misleading consumers with its commercials, it continued the advertising campaign.

その会社は、コマーシャルで消費者を欺いていると繰り返し非難されたが、広告キャンペーンを続けた。

正解 (C) repeatedly　品詞

ポイント **動詞を修飾するのは副詞**

空欄前後が the company was ------- accused of という並びなので、was accused of を修飾する語が入る。動詞を修飾するのは副詞なので、(C) repeatedly (繰り返し) が正解。

(A) repetition は、名詞で「繰り返し、反復」。

Professional writers avoid unnecessary repetition.

プロの作家は、不必要な繰り返しを避ける。

(B) repeated は、動詞 repeat (繰り返す) の過去形・過去分詞。

Dr. Isaac repeated the question so everyone could hear.

Isaac博士は、誰もが聞こえるように質問を繰り返した。

(D) repeat は、動詞の原形・現在形、名詞で「繰り返し、反復」。

If you are not careful, you might repeat the same mistake.

注意を怠ると、同じ間違いを繰り返す可能性がある。

28. Despite all the information Ms. Pruitt had gathered, doing a thorough ------- of the healthcare plans was difficult.

(A) compare
(B) comparable
(C) comparison
(D) comparably

□ **despite** 前 〜にもかかわらず
□ **information** 名 情報
□ **gather** 動 集める
□ **thorough** 形 徹底的な
□ **healthcare** 名 ヘルスケア
□ **difficult** 形 困難な

28. Despite all the information Ms. Pruitt had gathered, doing a thorough <u>comparison</u> of the healthcare plans was difficult.

Pruitt さんが集めたすべての情報にもかかわらず、ヘルスケアプランの徹底的な比較をするのは困難だった。

正解 (C) comparison　品詞

ポイント a thorough ------- of には名詞

空欄前後が a thorough ------- of (a + 形容詞〈空欄〉前置詞) の並びになっているので、空欄には名詞が入る。よって、(C) comparison (比較) が正解。

(A) compare は、動詞で「比べる」。

Mr. Walters will compare the Flip-8X7 laptop with a more expensive model.

Walters さんは、Flip-8X7 ノートパソコンをより高価なモデルと比較する。

(B) comparable は、形容詞で「比較できる、同等の」。

Our competitor's product is comparable to ours in price.

ライバル会社の製品は、価格において当社の製品と同等である。

(D) comparably は、副詞で「比較できるほどに、同じ程度に」。

Meals at Titans Seafood are priced comparably to those at nearby establishments.

Titans Seafood での食事は、近隣店での食事と同等に価格設定されている。

29. At Ace Consulting, our expert consultants provide personal service and ------- solutions to small business owners.

(A) customized
(B) customize
(C) customizing
(D) customizes

□ **expert** 形 熟練した
□ **consultant** 名 コンサルタント
□ **provide** 動 提供する
□ **personal** 形 個別の、個人の
□ **solution** 名 ソリューション（問題解決を支援する サービス）

29. At Ace Consulting, our expert consultants provide personal service and <u>customized</u> solutions to small business owners.

> Ace Consulting では、弊社の熟練したコンサルタントが中小企業のオーナー様に、個別のサービスとカスタマイズされたソリューションを提供しております。

正解 (A) customized　動詞の形

ポイント solutions と customize の間に受動の関係

空欄に入る語は、後ろの名詞 solutions を修飾する。solutions（ソリューション）と動詞 customize（カスタマイズする）の間には、「ソリューションがカスタマイズされる」という受動の関係があるので、過去分詞の (A) customized が正解。

(B) customize は、原形・現在形。

We can customize your costume to your liking.

私たちは、衣装をあなたの好みにカスタマイズできます。

(C) customizing は、-ing 形（現在分詞・動名詞）。

Ms. Traylen specializes in customizing apparel for sports teams.

Traylen さんは、スポーツチームのために服装をカスタマイズすることを専門としている。

(D) customizes は、3 人称単数現在形。

Mr. Davison will be talking about how he customizes his tools.

Davison さんは、道具をどのようにカスタマイズするかについて話す。

30. Executives are prohibited by company policy from ------- gifts from their subordinates that exceed 20 dollars.

(A) accept
(B) accepting
(C) accepted
(D) acceptable

□ **executive** 名 役員
□ **prohibit** 動 禁止する
□ **company policy** 社則
□ **subordinate** 名 部下
□ **exceed** 動 超える

30. Executives are prohibited by company policy from <u>accepting</u> gifts from their subordinates that exceed 20 dollars.

役員は、社則により20ドルを超える贈答品を部下から受け取ることを禁じられている。

正解 (B) accepting　動詞の形／品詞

> **ポイント** **prohibit A from -ing で「Aが〜することを禁止する」**

prohibit（禁止する）は、prohibit A from -ing（Aが〜することを禁止する）の形で使う。この文では、prohibitの目的語にあたる語（executives）が主語の位置に来て、受動態になっている。fromの後ろは、動詞の-ing形が続くので、動詞accept（受け取る）の動名詞（B) accepting が正解。

(A) accept は、動詞の原形・現在形。

We heard that you will accept a special award tomorrow.

明日あなたが特別賞を受けると聞きました。

(C) accepted は、動詞の過去形・過去分詞。

The coupon is no longer accepted by the aquarium.

このクーポンは、水族館ではもう使えません。

(D) acceptable は、形容詞で「受け入れることができる」。

Derrick came up with an office layout that is acceptable to everyone.

Derrick は、みんなが受け入れられるオフィスレイアウトを考え付いた。

31. Several pages in the report detail how the manufacturer ------- its carbon emissions.

(A) is monitored
(B) is monitoring
(C) are being monitored
(D) have been monitoring

□ **several** 形 いくつかの
□ **report** 名 報告書
□ **detail** 動 詳しく述べる
□ **manufacturer** 名 製造業者、メーカー
□ **carbon** 名 炭素
□ **emission** 名 排出、排出量

31. Several pages in the report detail how the manufacturer <u>is monitoring</u> its carbon emissions.

報告書の数ページで、その製造業者がどのように炭素排出量を監視しているかを詳述している。

正解 (B) is monitoring　動詞の形

ポイント　主語が単数／主語と動詞との間に能動の関係

how以下の節中の主語はthe manufacturer（その製造業者）で、空欄にはそれに対応した動詞が必要。主語が単数で、動詞monitor（監視する）との間に「製造業者が（炭素排出量を）監視する」という能動の関係があるので、(B) is monitoring（監視している）が正解。

(A) is monitored は、受動態の現在形。

This facility is monitored by security cameras.
この施設は、監視カメラによって監視されている。

(C) are being monitored は、受動態の現在進行形。

The elephants in the area are being monitored by drones.
その地域の象は、ドローンによって監視されている。

(D) have been monitoring は、現在完了進行形（能動態）。

We have been monitoring our carbon emissions for a decade.
我々は、自社の炭素排出量を10年間監視している。

32. Ms. Crawford's responsibilities include writing reports and ------- presentations for clients.

(A) preparing
(B) prepare
(C) prepares
(D) prepared

🅧 □ **responsibility** 名 職務、責任
　□ **include** 動 含む
　□ **report** 名 報告書
　□ **presentation** 名 プレゼンテーション
　□ **client** 名 顧客

32. Ms. Crawford's responsibilities include writing reports and <u>preparing</u> presentations for clients.

Crawfordさんの職務は、報告書を書くことと顧客向けのプレゼンテーションを準備することを含む。

正解 (A) preparing　動詞の形

ポイント andの前後で文法的に対等な要素

andの前後には、文法的に対等な要素が来るので、前のwriting reportsに合わせて、動詞prepare (準備する) の-ing形 (動名詞) (A) preparingを選ぶ。(B) prepareを使うと、include writing reportsとprepare presentations for clientsが対となり、文法的には成り立つが、「Crawfordさんの職務が顧客向けのプレゼンテーションを準備する」となってしまい、意味が通じない。

(B) prepare は、動詞の原形・現在形。

Alice must prepare for her upcoming business trip.
Alice は、近々ある出張の準備をしなければならない。

(C) prepares は、動詞の3人称単数現在形。

Alex prepares dinner for his family every evening.
Alex は毎晩、家族に夕飯を作る。

(D) prepared は、動詞の過去形・過去分詞、形容詞で「準備ができている、調理された」。

Mr. Jackson has prepared handouts for the workshop.
Jackson さんは、研修会用の配布物を準備した。

33. The hiring committee will discuss the
------- possibility that they will not find the
right person for the job.

(A) distinct
(B) distinctly
(C) distinction
(D) distinctively

□ **hiring** 名 雇用、採用
□ **committee** 名 委員会
□ **discuss** 動 話し合う
□ **possibility** 名 可能性
□ **right person** 適任者

33. The hiring committee will discuss the <u>distinct</u> possibility that they will not find the right person for the job.

採用委員会は、その職の適任者を見つけられないという明確な可能性について話し合う。

正解　(A) distinct　品詞

ポイント　**名詞を修飾するのは形容詞**

空欄前後がthe ------- possibilityという並びなので、後ろの名詞を修飾する語が必要。よって、形容詞の(A) distinct（明確な、はっきりした）が正解。

(B) distinctlyは、形容詞distinct（明確な、はっきりした）の副詞形で「明確に、はっきりと」。

Ms. Banister distinctly remembers her trip to Sri Lanka.

Banister さんは、スリランカへの旅行をはっきりと覚えている。

(C) distinctionは、名詞で「差異、特徴、優秀さ」。

Professor Carter explained the distinction between alligators and crocodiles.

Carter教授は、アリゲーターとクロコダイルの差異を説明した。

(D) distinctivelyは、形容詞distinctive（独特の、典型的な）の副詞形で「（違いが）明確に、はっきりと」。

The new uniform is distinctively different from the previous one.

新しいユニフォームは前のものとは明確に異なる。

34. All sale items at Dean Electronics are
------- marked with an orange sticker.

(A) special
(B) specialization
(C) specialize
(D) specially

 □ **sale item** セール品
□ **mark** 動 印を付ける
□ **sticker** 名 ステッカー

34. All sale items at Dean Electronics are
<u>specially</u> marked with an orange sticker.

Dean Electronicsのすべてのセール品は、オレンジ色のス
テッカーで特別に印が付けられている。

正解 (D) specially　品詞

ポイント 動詞を修飾するのは副詞

空欄前後がare ------- markedという並びなので、受動態の
are marked（印が付けられている）を修飾する語が入る。これは
動詞なので、副詞の(D) specially（特別に）が正解。

(A) specialは、形容詞で「特別な」、名詞で「特別番組、特
売品、（レストランの）おすすめ料理」。
Ashburn Movers has a special rate for students.
Ashburn Moversは、学生用の特別料金を設定している。

(B) specializationは、名詞で「特化、専門化、専門分野」。
Our main specialization is developing water
heating systems.
我々の主な専門分野は、給湯システムの開発である。

(C) specializeは、動詞で「専門に扱う」。
Mr. Ridder's book is helpful to those who
specialize in e-commerce.
Ridderさんの著書は、電子商取引を専門とする人々にとって有益で
ある。

35. Wipe your eyeglasses with one drop of Clear-Away, our latest product, for a quick -------.

(A) cleaners
(B) clean
(C) cleaning
(D) cleaned

□ **eyeglasses** 名 眼鏡 (この意味では常に複数形)
□ **drop** 名 (液体の) しずく、したたり
□ **quick** 形 迅速な、素早い

35. Wipe your eyeglasses with one drop of Clear-Away, our latest product, for a quick <u>cleaning</u>.

素早い汚れ落としに、当社新製品のClear-Awayを1滴付けて、眼鏡を拭いてください。

正解 (C) cleaning 品詞

ポイント a quick ------- には名詞の単数形

空欄前に冠詞aと形容詞quickがあるので、名詞の単数形の(C) cleaning (汚れ落とし、清掃) が正解。(A) cleaners (クリーニング店、掃除機、掃除人、洗浄剤) は、複数形なので不可。また、意味も合わない。

(A) cleaners は、名詞 cleaner の複数形。

The Sanden makes household and industrial cleaners.

Sandenは家庭用および産業用洗浄剤を製造している。

(B) clean は、動詞で「掃除する、きれいにする」、形容詞で「汚れていない、きれいな」。

The new blender is easier to clean than our old one.

新しいブレンダーは、当社の古い製品より掃除が容易です。

(D) cleaned は、動詞の過去形・過去分詞

The bread maker needs to be cleaned every day.

パン焼き機は、毎日掃除される必要がある。

36. After graduating from the Fleming School of Arts, Rachael McCann ------- a career in musical theater.

(A) pursued
(B) pursue
(C) pursuits
(D) pursuing

□ **graduate** 動 卒業する
□ **career** 名 キャリア、職業
□ **theater** 名 劇、劇場

36. After graduating from the Fleming School of Arts, Rachael McCann <u>pursued</u> a career in musical theater.

Fleming芸術学校を卒業後、Rachael McCannは、ミュージカル劇の道に進んだ。

正解 (A) pursued　動詞の形／品詞

ポイント　**単数の主語に対応した述語動詞**

この文には述語動詞がないので、主語のRachael McCannに対応した述語動詞が必要。よって、動詞pursue (追う) の過去形(A) pursuedが正解。(B) pursueは、3人称単数の主語には使えない。

(B) pursueは、動詞の原形・現在形。

　　Kevin will pursue a business degree at university.

　　Kevinは、大学でビジネスの学位の取得を目指す。

(C) pursuitsは、名詞pursuit (追跡、追求、仕事、趣味) の複数形。

　　Of all her various pursuits, Fiona likes photography best.

　　Fionaは、さまざまな趣味の中で、写真が一番好きである。

(D) pursuingは、動詞の -ing形 (現在分詞・動名詞)。

　　Watford Incorporated is pursuing a new growth strategy.

　　Watford Incorporatedは、新しい成長戦略を追求している。

37. Approximately $25,000 ------- for a new swimming pool at the Corwin Youth Center.

(A) donated
(B) to donate
(C) a donation
(D) was donated

□ **approximately** 副 約

37. Approximately $25,000 <u>was donated</u> for a new swimming pool at the Corwin Youth Center.

Corwin Youth Center の新しいプールのために約25,000ドルが寄付された。

正解 (D) was donated　動詞の形／品詞

ポイント 主語と動詞の間に受動の関係

この文には述語動詞がないので、主語Approximately $25,000 (約25,000ドル) に対応した述語動詞が必要。主語と動詞 donate (寄付する) の間には、「約25,000ドルが寄付される」という受動の関係があるので、(D) was donated (寄付された) を使い、受動態にする。

(A) donatedは、動詞の過去形・過去分詞。

An art collector donated eight valuable paintings to the gallery.

美術品収集家が8つの貴重な絵画をギャラリーに寄付した。

(B) to donateは、to不定詞。

Please specify the amount you want to donate.

寄付したい額を明記してください。

(C) a donationは、冠詞aと名詞donation (寄付)。make a donationで「寄付をする」。

There are two ways to make a donation to our charity.

私たちの慈善団体に寄付をする方法は、2つあります。

38. Wickle Technologies offers businesses the ------- solution for data storage and security.

(A) perfection
(B) perfectly
(C) perfects
(D) perfect

□ **offer** 動 提供する

□ **business** 名 企業

□ **solution** 名 ソリューション（問題解決を支援する
　サービス）

□ **storage** 名 保管

□ **security** 名 保護

38. Wickle Technologies offers businesses the <u>perfect</u> solution for data storage and security.

Wickle Technologiesは、企業にデータの保管と保護に関する完璧なソリューションを提供する。

正解 (D) perfect 品詞

ポイント 名詞を修飾するのは形容詞

空欄前後が the ------- solution という並びなので、後ろの名詞 solution を修飾する語が必要。よって、形容詞の (D) perfect (完璧な) が正解。

(A) perfection は、名詞で「完璧、完全」。

While designing Web sites, Sheila always strives for perfection.

ウェブサイトをデザインする際、Sheila は常に完璧を目指して努力する。

(B) perfectly は、副詞で「完璧に」。

Since the suit fit perfectly, Mr. Kent decided to buy it.

そのスーツはぴったり合ったので、Kent さんはそれを買うことにした。

(C) perfects は、動詞 perfect (完璧にする) の3人称単数現在形。

Chef Davies perfects his recipes through trial and error.

Davies 料理長は、試行錯誤を通してレシピを完全なものにする。

39. Ms. William's job performance ------- met the expectations of her supervisor.

(A) consists
(B) consisting
(C) consistent
(D) consistently

□ **job performance** 仕事ぶり
□ **meet** 動 満たす（過去形・過去分詞はmet）
□ **expectation** 名 期待
□ **supervisor** 名 上司

39. Ms. William's job performance <u>consistently</u> met the expectations of her supervisor.

Williamさんの仕事ぶりは、常に上司の期待を満たした。

正解 **(D) consistently** 品詞

ポイント **動詞を修飾するのは副詞**

空欄前後がjob performance ------- met the expectations という並びなので、後ろの動詞metを修飾する語が入る。動詞を修飾するのは副詞なので、(D) consistently（常に）が正解。

(A) consistsは、動詞consist（〜から成る）の3人称単数現在形。consist of 〜の形で使う。

The hiring committee consists of six members.

採用委員会は、6名の委員から成る。

(B) consistingは、動詞の -ing形（現在分詞・動名詞）。

He made a salad consisting of tomatoes, olives, and feta cheese.

彼は、トマト、オリーブ、フェタチーズから成るサラダを作った。

(C) consistentは、形容詞で「一貫している、一致した」。

We ensure that the quality of our products is consistent.

私たちは、当社製品の品質が一貫していることを保証します。

40. Before ordering any ------- part, please double-check that the measurements are correct.

(A) replace
(B) replacement
(C) replaces
(D) replacing

□ **order** 動 注文する
□ **double-check** 動 再確認する
□ **measurement** 名 寸法
□ **correct** 形 正しい

40. Before ordering any <u>replacement</u> part, please double-check that the measurements are correct.

どの交換部品も注文する前に、寸法が正しいことを再確認してください。

正解 (B) replacement 品詞

ポイント **replacement part で「交換部品」**

空欄前後が any ------- part（どの〜部品）という並びなので、(B) replacement（交換）を使い、replacement part（交換部品）とする。これは、名詞 replacement が名詞 part を修飾する複合名詞。(D) replacing も名詞を修飾する働きがあるが、「交換部品」という場合、replacing part という言い方はしない。

(A) replace（交換する）は、動詞の原形・現在形。

Mr. Barton will replace the ink toner cartridge.
Barton さんがインクトナーのカートリッジを交換する。

(C) replaces は、動詞の3人称単数現在形。

Hannah replaces her toothbrush every other week.
Hannah は、歯ブラシを隔週で交換する。

(D) replacing は、動詞の -ing 形（現在分詞・動名詞）。

Discussions are underway about replacing the old bridge.
古い橋を架け替えることに関する議論が行われている。

41. In recent years, Cunaxa Pharmaceutical ------- through on its promise to release more clinical data to the public.

(A) follow
(B) following
(C) has followed
(D) will be following

□ **recent** 形 最近の
□ **through** 副 最初から最後まで
□ **promise** 名 約束
□ **release** 動 公表する
□ **clinical** 形 臨床の

41. In recent years, Cunaxa Pharmaceutical
<u>has followed</u> through on its promise to
release more clinical data to the public.

この数年間、Cunaxa Pharmaceuticalは、より多くの臨床
データを一般に公表するという約束を守り続けている。

正解 **(C) has followed** 動詞の形

ポイント **過去から現在まで続く行為は現在完了形**

文頭の In recent years (この数年間) は、過去から現在まで
続く期間を示すので、現在完了形の (C) has followed が適
切。follow through on ～で「～を継続する」。この文の主語
Cunaxa Pharmaceutical は、社名で単数扱いなので、(A)
follow は不適切。

(A) follow (続く、追う、従う) は、動詞の原形・現在形。

A reception will immediately follow the award
ceremony.

レセプションが授賞式のすぐ後に続きます。

(B) following は、動詞の -ing形 (現在分詞・動名詞)、前置詞
で「～の後に、～に続いて」、形容詞で「次の」。

Pax Marketing is closely following trends in
China.

Pax Marketingは、中国のトレンドを注意深く追っている。

(D) will be following は、未来進行形。

The mechanic will be following the instructions
on page 92.

修理工は、92ページの指示に従う。

42. The manager told the employees to embrace integrity and ------- as key ingredients for a successful career.

(A) profession
(B) professional
(C) professionally
(D) professionalism

□ **embrace** 動 取り入れる、受け入れる
□ **integrity** 名 誠実さ
□ **ingredient** 名 要素
□ **successful** 形 成功を収めた、成功した
□ **successful career** 出世

42. The manager told the employees to embrace integrity and <u>professionalism</u> as key ingredients for a successful career.

部長は従業員に、出世の鍵となる要素として、誠実さとプロ意識を取り入れるように告げた。

正解 **(D) professionalism　品詞**

ポイント **professionalism は「プロ意識」**

接続詞 and の前後には、文法的に対等な要素が必要なので、integrity and ------- の空欄には、integrity（誠実さ）と同じ名詞が入る。選択肢中、(A)、(B)、(D) が名詞だが、「出世の鍵となる要素として」という文意に合うのは、(D) professionalism（プロ意識）。

(A) profession は、名詞で「職業」。

Ms. Ford left the teaching profession to start her own business.

Ford さんは、起業するために教職を離れた。

(B) professional は、名詞で「専門家、プロ選手」、形容詞で「専門的な、プロの」。

We offer opportunities for professional development.

私たちは、専門的能力の開発のための機会を提供します。

(C) professionally は、副詞で「専門的に、プロとして」。

Leonard Baker has been boxing professionally for six years.

Leonard Baker は 6 年間、プロとしてボクシングをしている。

43. Although the price of the statue was ------- low, Ms. Hodge did not purchase it.

(A) exceptional
(B) exceptionally
(C) exception
(D) except

□ **although** 接 〜だけれども
□ **price** 名 価格
□ **statue** 名 彫像
□ **purchase** 動 購入する

43. Although the price of the statue was
<u>exceptionally</u> low, Ms. Hodge did not
purchase it.

彫像の価格は非常に低かったが、Hodgeさんはそれを購入し
なかった。

ポイント　形容詞を修飾するのは副詞

空欄前後は、was ------- low という並びなので、後ろの形
容詞 low (低い) を修飾する語が入る。よって、副詞の (B)
exceptionally (非常に) が正解。

(A) exceptional は、形容詞で「優れた、例外的な」。
RDX Communications offers exceptional print
services.
RDX Communications は、優れた印刷サービスを提供する。

(C) exception は、名詞で「例外」。
The manager made an exception to the rules.
部長は、規則に例外を設けた。

(D) except は、前置詞で「〜以外、〜を除いて」、動詞で「除
外する」、接続詞で「〜を除いて、〜以外は」。
The café is open daily except Sunday.
そのカフェは、日曜日以外、毎日営業している。

44. The city council will decide on whether to allow street vendors ------- their stalls on downtown sidewalks.

(A) operate
(B) to operate
(C) operated
(D) operation

⊠ □ **city council**　市議会
　 □ **decide on ～**　～について決める
　 □ **whether to ～**　～するかどうか
　 □ **allow**　動 許可する
　 □ **vendor**　名 行商人
　 □ **stall**　名 露天、屋台
　 □ **downtown**　形 繁華街の
　 □ **sidewalk**　名 歩道

44. The city council will decide on whether to allow street vendors <u>to operate</u> their stalls on downtown sidewalks.

市議会は、露天商が繁華街の歩道に露店を出すことを許可するかどうかについて決める。

正解 (B) to operate　動詞の形／品詞

ポイント　allow A to ～で「Aが～するのを許可する」

動詞allow（許可する）は、後ろに目的語＋to不定詞が続くので、動詞operate（運営する）のto不定詞(B) to operateを使い、allow street vendors to operate their stalls（露天商が露店を出すことを許可する）とする。

(A) operateは、動詞の原形・現在形。

We introduced changes so that the department would operate more efficiently.

我々は、部署がより効率的に稼働するように変更を導入した。

(C) operatedは、動詞の過去形・過去分詞。

The automated equipment is faster than the manually operated machines.

自動化された機器は、手動で操作される機械よりも早い。

(D) operationは、名詞で「操作、運営、事業」。

The agency's first few years of operation were difficult.

代理店の最初の数年間の運営は、厳しかった。

45. All of Mr. Nichol's hard work on the documentary is -------.

(A) commend
(B) commending
(C) commends
(D) commendable

□ **hard work**　激務
□ **documentary**　名 ドキュメンタリー

45. All of Mr. Nichol's hard work on the
documentary is <u>commendable</u>.

ドキュメンタリーにおけるNicholさんのすべての激務は、称
賛に値する。

正解 (D) commendable 品詞

ポイント be動詞の後ろに形容詞

be動詞 の後ろには形容詞を続けることができるので、(D)
commendable (称賛に値する) を使い、「Nicholさんのすべて
の激務は、称賛に値する」とする。(B) commendingもbe
動詞の後ろに来ることができるが、「すべての激務が称賛し
ている」では意味が通じない。また、動詞commend は、後
ろに目的語が必要。

(A) commend (称賛する、称える) は、動詞の原形・現在形。

We want to commend you for writing a brilliant
article.

我々は、素晴らしい記事を書いたことに対して、あなたを称賛した
い。

(B) commendingは、動詞の -ing形 (現在分詞・動名詞)。

The mayor sent a letter commending the officer's
bravery.

市長は、警察官の勇敢さを称える手紙を送った。

(C) commendsは、動詞の3人称単数現在形。

In his book, Dr. Arthur commends his fellow
researchers.

Arthur博士は、本の中で、仲間の研究者を称えている。

46. The position ------- to Ms. Babcock includes a competitive salary and benefits package.

(A) offers
(B) to offer
(C) offering
(D) offered

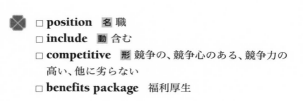

□ **position** 名 職
□ **include** 動 含む
□ **competitive** 形 競争の、競争心のある、競争力の高い、他に劣らない
□ **benefits package** 福利厚生

46. The position <u>offered</u> to Ms. Babcock includes a competitive salary and benefits package.

> Babcock さんへ提示された職は、他に劣らない給与と福利厚生を含む。

正解 (D) offered　動詞の形

ポイント position と offer の間に受動の関係

この文には、述語動詞 includes がある。よって空欄には、前の名詞 position（職）を後ろの to Ms. Babcock を伴って修飾する語が必要。position と動詞 offer（提示する）の間には「職が（Babcock さんに）提示される」という受動の関係があるので、過去分詞の (D) offered（提示された）が正解。

(A) offers は、動詞 offer（提示する、提供する）の 3 人称単数現在形。

　　Howie's Housewares offers big discounts on its anniversary.

　　Howie's Housewares は、記念日に大幅な割引を行う。

(B) to offer は、to 不定詞。

　　We are only able to offer you a store credit.

　　私どもは、お客様にストアクレジットを提供することしかできません。

(C) offering は、-ing 形（現在分詞・動名詞）。

　　Our consultants are good at offering practical advice.

　　弊社のコンサルタントは、実践的なアドバイスをすることに長けています。

47. Established just one year ago, Abervitt Fitness has grown its customer base ------- quickly.

(A) remark
(B) remarkable
(C) remarkably
(D) remarked

47. Established just one year ago, Abervitt Fitness has grown its customer base <u>remarkably</u> quickly.

ちょうど1年前に設立されたAbervitt Fitnessは、際立って迅速に顧客基盤を拡大している。

正解 **(C) remarkably** 品詞

ポイント 副詞を修飾するのは副詞

空欄前後がhas grown its customer base ------- quicklyという並びなので、後ろの副詞quickly (迅速に) を修飾する語が入る。副詞を修飾するのは副詞なので、(C) remarkably (際立って) が正解。remarkably quicklyで「際立って迅速に」。

(A) remarkは、名詞で「意見」、動詞で「述べる」。

He made a remark about the ceremony's length.
彼は、式典の長さについて意見を述べた。

(B) remarkableは、形容詞で「注目に値する、優れた」。

Last night's performance was truly remarkable.
昨晩の公演は実に優れたものだった。

(D) remarkedは、動詞の過去形・過去分詞。

Ms. Kim remarked that the price was too high.
Kimさんは、価格が高すぎると述べた。

48. Mr. Austin's inspirational speech left a
------- impression on each and every
student.

(A) last
(B) lastly
(C) lasted
(D) lasting

□ **inspirational** 形 感動的な
□ **leave** 動 残す（過去形・過去分詞はleft）
□ **impression** 名 印象
□ **each and every** 1人1人の、1つ1つの

48. Mr. Austin's inspirational speech left a
<u>lasting</u> impression on each and every
student.

Austinさんの感動的な演説は、生徒1人1人にいつまでも残る
印象を与えた。

正解 **(D) lasting　品詞**

ポイント **a lasting impression で「いつまでも残る印象」**

空欄前後がa ------- impression (a〈空欄〉名詞) という並びな
ので、後ろの名詞impression (印象) を修飾する語が入る。よ
って、形容詞の(D) lasting (長続きする) が適切。a lasting
impression で「いつまでも残る印象」。(A) last にも形容詞
の用法があるが、「最後の」という意味なので不適切。

(A) last は、形容詞で「最後の」、副詞で「最後に」、動詞で
「続く」。

I met Mr. Meredith during a business trip last year.

私は、昨年出張中にMeredith さんに会った。

(B) lastly は、副詞で「最後に」。

And lastly, remember that our next meeting is on
May 1.

そして最後に、次回のミーティングは5月1日であることをお忘れ
なく。

(C) lasted は、動詞の過去形・過去分詞。

The software presentation lasted two and a half
hours.

ソフトウェアのプレゼンテーションは、2時間半続いた。

49. After the meeting on Monday, Mr. Rhodes will decide whether the project schedule needs -------.

(A) will adjust
(B) to be adjusted
(C) will have adjusted
(D) to be adjusting

□ **decide** 動 決める
□ **whether** 接 〜かどうか

49. After the meeting on Monday, Mr. Rhodes will decide whether the project schedule needs <u>to be adjusted</u>.

月曜日の会議の後、Rhodesさんはプロジェクトの予定が調整される必要があるかどうかを決める。

正解 (B) to be adjusted　動詞の形

ポイント　scheduleとadjustの間に受動の関係

動詞need（必要とする）は、後ろにto不定詞を取ることができる。project schedule（プロジェクトの予定）と動詞adjust（調整する）の間には、「予定が調整される」という受動の関係があるので、to不定詞の受動態(B) to be adjustedが正解。

(A) will adjustは、未来形。

Sunview Clinic will adjust its hours during the holidays.

Sunview Clinicは、休暇シーズン中の時間を調整する。

(C) will have adjustedは、未来完了形で、未来の一時点で完了している、または未来の一時点まで継続している行為を表す。

By next month, the staff will have adjusted to the new office.

来月までに、スタッフは新しいオフィスに慣れているであろう。

(D) to be adjustingは、to不定詞の進行形。

The technician appears to be adjusting a valve.

技術者は、バルブを調整しているようである。

50. According to property experts, housing prices in Charlestown are expected to fall by ------- five percent this year.

(A) rough
(B) roughness
(C) rougher
(D) roughly

□ **according to ～** ～によると
□ **property** 名 不動産、所有物
□ **expert** 名 専門家
□ **housing price** 住宅価格
□ **expect** 動 予想する
□ **fall** 動 下がる（過去形はfell、過去分詞はfallen）

50. According to property experts, housing prices in Charlestown are expected to fall by <u>roughly</u> five percent this year.

不動産専門家によると、Charlestownの住宅価格は今年、約5パーセント下がると予想されている。

ポイント　数詞を修飾するのは副詞

空欄前後がfall by ------- five percentという並びなので、後ろのfiveを修飾する語が入る。fiveは、数を表す数詞で、形容詞と同様、名詞を修飾する働きがあり、副詞によって修飾される。よって、副詞の (D) roughly (おおよそ、約) が正解。

(A) roughは、形容詞で「滑らかでない、荒れた、おおよその」。

The contractor provided a rough estimate of the total cost.

請負業者は、総費用のおおよその見積もりを提供した。

(B) roughnessは、名詞で「粗さ、荒れ、乱暴さ」。

Polishing is one way to reduce the roughness of a surface.

研磨は、表面の粗さを減らす方法の1つである。

(C) rougherは、形容詞の比較級。

The hiking trail gets rougher up in the mountains.

ハイキングコースは山中で、もっとでこぼこになってくる。

51. In our next meeting, we will discuss approaches we can take to win ------- former customers.

(A) back
(B) backer
(C) backward
(D) backing

□ **discuss** 動 話し合う
□ **approach** 名 取り組み
□ **win** 動 成功する（過去形・過去分詞はwon）
□ **former** 形 以前の
□ **customer** 名 顧客

51. In our next meeting, we will discuss approaches we can take to win <u>back</u> former customers.

次の会議では、以前の顧客を取り戻すために我々ができる取り組みについて話し合う。

正解 **(A) back 品詞**

ポイント **win back 〜で「〜を取り戻す」**

副詞の(A) back（戻して）を使い、win back former customers（以前の顧客を取り戻す）とすると、意味が通る。approaches と we の間には関係代名詞の that が省略されている。approaches (that) we can take で「我々ができる取り組み」。

(B) backer は、名詞で「（資金を提供する）支持者」。

Ms. Christie said we need another financial backer.

Christie さんは、私たちには別の財政支援者が必要だと述べた。

(C) backward は、形容詞で「逆の、発達の遅れた」、副詞で「後方へ、後ろへ」。

Upon hearing the shocking news, she took a step backward.

衝撃的な知らせを聞いて、彼女は後ろへ一歩下がった。

(D) backing は、名詞で「支持、支援」。

The proposal has the backing of the local community.

その提案は、地域社会の支持を得ている。

52. The company unveiled its new air-conditioning unit, which is more ------- than its predecessor.

(A) affordable
(B) afforded
(C) affording
(D) afford

□ **unveil** 動 発表する
□ **air-conditioning** 形 空調の
□ **unit** 名 装置
□ **predecessor** 名 以前のもの、前任者

52. The company unveiled its new air-conditioning unit, which is more <u>affordable</u> than its predecessor.

その会社は、以前のものよりも手頃な価格の新しい空調装置を発表した。

正解 (A) affordable 品詞

ポイント is more ------- than には形容詞

空欄前に is more、後ろに than があるので、形容詞の (A) affordable (手頃な価格の) が正解。関係代名詞 which の先行詞は、its new air-conditioning unit (新しい空調装置)。

(B) afforded は、動詞 afford (余裕がある、買うことができる、提供する) の過去形・過去分詞。afford A B で「B を A に提供する」。

Ms. Ormond was afforded the opportunity to work overseas.

Ormond さんは、海外で働く機会を提供された。

(C) affording は、動詞の -ing 形 (現在分詞・動名詞)。

The NGO needs assistance when it comes to affording medical supplies.

医療用品を買う余裕に関して言えば、その NGO は、支援が必要である。

(D) afford は、動詞の原形・現在形。

Students who cannot afford tuition may apply for a grant.

授業料を払う余裕のない学生は、奨学金を申請できる。

53. In order for the dishwasher to work -------, the water temperature must be at least 48 degrees Celsius.

(A) reliable
(B) reliably
(C) relying
(D) relies

□ **in order for A to ～**　Aが～するために
□ **dishwasher** 名 食器洗浄機
□ **temperature** 名 温度
□ **at least**　少なくとも、最低でも
□ **degree** 名 度
□ **Celsius** 名 摂氏

53. In order for the dishwasher to work reliably, the water temperature must be at least 48 degrees Celsius.

食器洗浄機が確実に作動するためには、水温は最低でも摂氏48度でなければならない。

ポイント　動詞を修飾するのは副詞

空欄には、前の動詞work（作動する）を修飾する語が必要。動詞を修飾するのは副詞なので、(B) reliably（確実に）が正解。

(A) reliable は、形容詞で「信頼できる、確実な」。

Cam's Auto Repair provides reliable service to local customers.

Cam's Auto Repairは、地元の顧客に信頼できるサービスを提供している。

(C) relying は、動詞 rely（頼る）の -ing形（現在分詞・動名詞）。rely on 〜で「〜に頼る」。

Mr. Sharpe is relying on his assistant to prepare his travel itinerary.

Sharpeさんは、旅行日程の作成をアシスタントに頼っている。

(D) relies は、動詞の3人称単数現在形。

The Hampstead Conservation Society relies on funding from the community.

Hampstead Conservation Societyは、地域社会からの資金提供に頼っている。

54. After the exhibition, the painting ------- to the Pasco Museum.

(A) returning
(B) return
(C) was returned
(D) to return

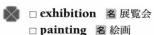

□ **exhibition** 名 展覧会
□ **painting** 名 絵画
□ **museum** 名 美術館、博物館

54. After the exhibition, the painting <u>was returned</u> to the Pasco Museum.

展覧会の後、その絵画はPasco美術館へ戻された。

正解 (C) was returned　動詞の形

ポイント 主語が単数

この文には述語動詞がないので、主語painting（絵画）に対応する述語動詞が必要。これは単数なので、(C) was returned（戻された）が正解（他動詞「戻す」の受動態）。returnは、自動詞で「戻る」になるので、「絵画が戻る」のように能動態で使うこともできるが、(B) return（戻る）は、単数の主語には不適切。

(A) returningは、動詞の-ing形（現在分詞・動名詞）。

This is Dave Hodges returning your call.

こちらDave Hodgesで、あなたからのお電話を折り返しています。

(B) returnは、動詞の原形・現在形、名詞で「帰ること、返すこと、元に戻ること、利益」。

You can return books to the library at any time.

あなたは、いつでも本を図書館に返却することができます。

(D) to returnは、to不定詞。

Ms. Evans had to return to the store for a refund.

Evansさんは、返金のために店に戻らなければならなかった。

55. The payroll department must record the number of overtime hours worked -------.

(A) correct
(B) correctly
(C) correction
(D) corrected

□ **payroll** 名 給与
□ **department** 名 部、部署
□ **record** 動 記録する
□ **the number of ～** ～の数
□ **overtime** 名 残業

55. The payroll department must record the number of overtime hours worked <u>correctly</u>.

給与管理部は、残業労働時間数を正確に記録しなければならない。

正解 (B) correctly 品詞

ポイント　動詞を修飾するのは副詞

空欄には前のrecord the number of overtime hours worked（残業労働時間数を記録する）の部分を修飾する語が必要。これは動詞＋目的語なので、動詞を修飾する副詞の (B) correctly（正確に）が正解。overtime hours workedは、overtime hours that were workedの省略形で「働かれた残業時間＝残業労働時間」。

(A) correctは、形容詞で「正しい、正確な」、動詞で「訂正する」。

The order was sent to the correct address.
注文品は、正しい住所に発送された。

(C) correctionは、名詞で「訂正」。

The manager made a correction to the report.
部長は、報告書に訂正を加えた。

(D) correctedは、動詞の過去形・過去分詞。

The invoice has been corrected.
請求書は、訂正された。

56. By the end of next month, the merger between Enwall Industries and Avon K&T -------.

(A) completing
(B) to complete
(C) will have been completed
(D) has been completed

□ **by the end of next month** 来月末までに
□ **merger** 名 合併

56. By the end of next month, the merger between Enwall Industries and Avon K&T will have been completed.

来月末までに、Enwall Industries と Avon K&T の合併は完了している。

正解 (C) will have been completed　動詞の形

ポイント By the end of next month が未来完了の指標

文頭の By the end of next month（来月末までに）が未来完了形の指標となっているので、(C) will have been completed が正解。未来完了形は、未来の一時点（ここでは来月末）までに完了している行為を表す。merger（合併）と動詞 complete（完了させる、終える）の間に受動の関係があるので、受動態になる。

(A) completing は、-ing 形（現在分詞・動名詞）。

Thank you for completing our customer satisfaction survey.

顧客満足度調査にご記入いただきありがとうございます。

(B) to complete は、to 不定詞。

Press the "Purchase" button to complete your order.

注文を完了するのに購入ボタンを押してください。

(D) has been completed は、受動態の現在完了形。

The Dorchester Road upgrade has been completed ahead of schedule.

Dorchester Road の改良工事は、予定より早く終わった。

57. All first-time customers receive a complimentary ------- with one of our financial planners.

(A) consults
(B) consultation
(C) consultant
(D) consulted

□ **first-time** 形 初めての、新規の
□ **customer** 名 顧客
□ **receive** 動 受ける
□ **complimentary** 形 無料の、優待の
□ **financial planner** ファイナンシャルプランナー

57. All first-time customers receive a complimentary <u>consultation</u> with one of our financial planners.

すべての新規のお客様は、弊社ファイナンシャルプランナーとの無料相談を受けていただきます。

正解 **(B) consultation 品詞**

ポイント a complimentary ------- withには名詞の単数形

空欄前後がa complimentary ------- with（a＋形容詞〈空欄〉＋前置詞）という並びになっているので、名詞の単数形が入る。選択肢中、名詞の単数形は、(B)と(C)だが、「ファイナンシャルプランナーとの無料～」という文意に合うのは、(B) consultation（相談）。

(A) consultsは、動詞consult（相談する、調べる、顧問を務める）の3人称単数現在形。

Henry is retired but still consults for several companies.

Henryは引退しているが、まだいくつかの会社の顧問を務めている。

(C) consultantは、名詞で「コンサルタント」。

We hired a consultant to review our employment practices.

我々は、雇用慣行を見直すためにコンサルタントを雇った。

(D) consultedは、動詞の過去形・過去分詞。

Ms. Fontaine consulted her lawyer about the property sale.

Fontaineさんは、不動産の売却について弁護士に相談した。

58. Ms. Laurence spent three months ------- in India to become a yoga instructor.

(A) trainer
(B) train
(C) training
(D) trained

□ **spend** 動 費やす（過去形・過去分詞はspent）
□ **instructor** 名 講師

58. Ms. Laurence spent three months <u>training</u> in India to become a yoga instructor.

Laurenceさんは、ヨガ講師になるため、インドで3ヶ月トレーニングした。

正解 (C) training 動詞の形／品詞

ポイント spend ＋〈時間〉＋ -ing で「〜するのに〈時間〉を費やす」

動詞 spend（費やす）の後ろに〈時間・金額〉＋ -ing形（動名詞）を続けると、「〜するのに〈時間・金額〉を費やす」という意味になる。よって、動詞 train（トレーニングする）の動名詞（C）training が正解。spent three months training で「トレーニングするのに3ヶ月を費やした＝3ヶ月トレーニングした」。

(A) trainer は、名詞で「訓練する人、トレーナー」。

Mr. Hayes works out every morning with a personal trainer.

Hayesさんは、毎朝パーソナルトレーナーとトレーニングをする。

(B) train は、動詞の原形・現在形。名詞の「列車」も綴りと発音が同じ。

Ms. Porter will train the new hires in April.

Porterさんは、4月に新入社員の研修を行う。

(D) trained は、動詞の過去形・過去分詞、または形容詞で「訓練を受けた」。

Highly trained security personnel will be monitoring the event.

高度な訓練を受けた警備員がイベントを監視する。

59. The islanders were able to grow ------- types of vegetables despite a lack of nutrients in the soil.

(A) variety
(B) various
(C) variation
(D) varies

□ **islander** 名 島民
□ **grow** 動 栽培する、育てる（過去形はgrew、過去分詞はgrown）
□ **despite** 前 〜にもかかわらず
□ **a lack of 〜** 〜の不足
□ **nutrient** 名 養分、栄養素
□ **soil** 名 土壌

59. The islanders were able to grow various types of vegetables despite a lack of nutrients in the soil.

土壌中の養分不足にもかかわらず、島民はさまざまな種類の野菜を栽培することができた。

正解 **(B) various** 品詞

ポイント 名詞を修飾するのは形容詞

空欄前後がto grow ------- types of という並びなので、空欄には後ろの名詞types（種類）を修飾する語が入る。名詞を修飾するのは形容詞なので、(B) various（さまざまな）が正解。

(A) varietyは、名詞で「種類、多様性」。a variety of ～で「さまざまな～」。

They were able to grow a variety of vegetables.

彼らは、さまざまな種類の野菜を栽培することができた。

(C) variationは、名詞で「差異、変化、変化したもの」。

All our products are inspected to ensure there is no variation in quality.

品質の差異がないことを保証するため、すべての製品は検査されています。

(D) variesは、動詞vary（変化する）の3人称単数現在形。

The ticket price varies depending on the season.

チケット料金は、季節により変わります。

60. Ms. Hackley ------- closer to the front of the conference room yesterday if there had been a seat available.

(A) would have sat
(B) should sit
(C) has sat
(D) sat

□ **close to ～**　～の近くに
□ **front**　名 前方
□ **conference room**　会議室
□ **available**　形 空いている

Unit 1　文法問題 60問　133

---

60. Ms. Hackley <u>would have sat</u> closer to the front of the conference room yesterday if there had been a seat available.

> Hackleyさんは、もし席が空いていたら、昨日会議室のより前方近くに座っていただろう。

ポイント 仮定法過去完了の主節は**would＋have＋過去分詞**

後半がif there had been a seat available（もし席が空いていたら）となっているので、過去の事実に反する仮定を表す仮定法過去完了の文である。よって、主節はwould/could＋have＋過去分詞になるので、(A) would have satが正解。動詞sit（座る）の過去形・過去分詞はsat。

(B) should sitのshouldは、助動詞で「〜すべきである、〜のはずである」。

Sheila should sit up front if she can't see well.

Sheilaは、よく見えないのなら、最前列に座るべきである。

(C) has satは、現在完了形。

Mr. Johnson has sat on the board of directors for years.

Johnsonさんは、長年にわたり取締役会の一員である。

(D) satは、過去形・過去分詞。

Before his flight, Brian sat for hours at the airport.

フライトの前に、Brianは何時間も空港で座っていた。

語彙問題 90問

語彙を制する者は
TOEICを制する

「語彙問題」の学習の進め方

1. 語彙問題は、問題文の意味と選択肢の語句の意味が分かるかで勝負が決まります。

2. 見開きの右ページの上部に問題、下部に語注があります。まずは語注を見ないで解いてください。知らない単語があって答えを選べない場合は、語注を見てから解いてください。ただし、選択肢の語句に対する語注はありません。

3. 選択肢を選んだら、ページをめくって答え合わせをしてください。

4. 語彙問題の問題タイプは、選択肢の品詞が揃っている問題は品詞名（名詞、動詞など）、熟語の問題は「熟語」、異なる品詞の語が混ざっている問題は「混合」としました。

5. 問題の性質上、解法のポイントは、語句の意味になっている場合がほとんどです。

6. 選択肢の語句は特に重要です。意識的に覚えるようにしましょう。

7. 不正解の選択肢に例文を付けてあります。

8. 問題文と例文中に知らない単語があったら、覚えましょう。

9. 問題文と例文の読み上げ音声を聴いて、声に出す練習をしましょう。

61. The company's innovative medical technologies are highly reliable, and its prices are quite -------.

(A) sharp
(B) reasonable
(C) supported
(D) compact

✕ □ **innovative** 形 革新的な
  □ **medical technology** 医療技術
  □ **highly** 副 とても
  □ **reliable** 形 信頼できる、確実な
  □ **quite** 副 かなり

61. The company's innovative medical technologies are highly reliable, and its prices are quite <u>reasonable</u>.

その会社の革新的な医療技術は、とても信頼性が高く、そしてその価格はかなり手頃である。

正解 **(B) reasonable** 混合

ポイント reasonableは「(価格が) 手頃な」

its prices are quite ------- (その価格はかなり〜である) という文意に合うのは、形容詞の (B) reasonable (手頃な)。

(A) sharp は、形容詞で「鋭い、急な」。
Olive Skincare experienced a sharp increase in profits.
Olive Skincare は、利益が急増した。

(C) supported は、動詞 support (支持する) の過去形・過去分詞。
His claim is strongly supported by the evidence.
彼の主張は、証拠によって強く裏付けられている。

(D) compact は、形容詞で「小さな、小さくまとまっている」。
These compact refrigerators are ideal for small kitchens.
これらの小型冷蔵庫は、小さなキッチンに適している。

62. Ms. Hawkins organizes her files very carefully ------- still has difficulty finding documents at times.

(A) but
(B) when
(C) so
(D) by

□ **organize** 動 整理する
□ **carefully** 副 注意深く
□ **still** 副 それでも
□ **have difficulty -ing** 〜するのに苦労する
□ **document** 名 文書
□ **at times** 時々

62. Ms. Hawkins organizes her files very carefully <u>but</u> still has difficulty finding documents at times.

Hawkinsさんはファイルをとても注意深く整理しているが、それでも時々文書を見つけるのに苦労する。

ポイント　前半と後半の関係を考えて、but（～だが）

前半の Ms. Hawkins organizes her files very carefully（Hawkinsさんはファイルをとても注意深く整理している）と後半の still has difficulty finding documents at times（それでも時々文書を見つけるのに苦労する）をつなぐには、接続詞の (A) but（～だが）が適切。これを使うと「注意深く整理しているが、それでも時々苦労する」となる。

(B) when は、接続詞で「～する時」、副詞で「いつ」。
Ms. Kaye was not in the office when I called.
私が電話した時、Kayeさんはオフィスにいなかった。

(C) so は、接続詞で「～なので、それで」、副詞で「とても、そのように」。
Andy did not show up, so his friends left without him.
Andy は現れなかったので、彼の友人たちは彼抜きで出かけた。

(D) by は、前置詞で「～によって、～で」。
Grain is usually shipped by truck, ship, and rail.
穀物は、通常トラック、船、鉄道で出荷される。

63. All ------- must wear an identification badge at all times while on duty.

(A) procedures
(B) services
(C) operations
(D) employees

❌ □ **identification badge** 身分証
□ **at all times** 常に
□ **while** 接 ～の間
□ **on duty** 勤務中

63. All <u>employees</u> must wear an identification badge at all times while on duty.

全従業員は、勤務中、常に身分証を着用しなければならない。

正解 (D) employees　名詞

ポイント　**employee**は「従業員」

空欄後の must wear an identification badge（身分証を着用しなければならない）の主語となる語が求められている。身分証を着用するのは人なので、(D) employees（従業員）が適切。

(A) procedures（原形 procedure）は、「手順」。

Please follow proper safety procedures in case of an emergency.

緊急時には、適切な安全手順に従ってください。

(B) services（原形 service）は、「サービス、修理、尽力、勤務」。動詞では「修理する」。

Appleby Cleaners uses customer testimonials to promote its services.

Appleby Cleaners は、サービスを宣伝するためにお客様の声を利用している。

(C) operations（原形 operation）は、「操作、運営、事業」。

We will expand our operations in Southeast Asia.

我々は、東南アジアで事業を拡張する。

64. ------- the Barwick Group mainly operates in the United Kingdom, it also does business in other European countries.

(A) So that
(B) Although
(C) As long as
(D) Until

□ **mainly** 副 主に
□ **operate** 動 事業を行う
□ **do business** 営業する

64. <u>Although</u> the Barwick Group mainly operates in the United Kingdom, it also does business in other European countries.

Barwick Group は、主に英国で事業を行っているが、他のヨーロッパ諸国でも営業している。

正解 (B) Although　混合

ポイント　**although** は「〜だけれども」

前半の the Barwick Group mainly operates in the United Kingdom (Barwick Group は、主に英国で事業を行っている) と後半の it also does business in other European countries (他のヨーロッパ諸国でも営業している) をつなぐには、(B) Although (〜だけれども) が適切。

(A) So that は、「〜できるように」。

So that you're up by 6:30, I'll call your room.
6時30分までに起きられるように、あなたの部屋に電話します。

(C) As long as は、「〜すれば、〜である限りは」。

As long as you promise to drive carefully, you can borrow my car.
慎重に運転することを約束するなら、あなたは私の車を借りることができます。

(D) Until は、前置詞で「〜まで」、副詞で「〜するまで」。

Until the plane reaches the gate, please keep your seatbelts fastened.
飛行機がゲートに着くまで、シートベルトを締めたままにしておいてください。

65. The tallest structure in Winnipton is ------- the Madison Building, which stands at 274 meters high.

(A) exactly
(B) mostly
(C) currently
(D) instantly

□ **structure** 名 建物

□ **stand** 動 立つ、高さを誇る（過去形・過去分詞は stood）

65. The tallest structure in Winnipton is <u>currently</u> the Madison Building, which stands at 274 meters high.

Winniptonで最も高い建物は現在、高さ274メートルを誇る Madison Buildingである。

正解 (C) currently　副詞

ポイント　**currentlyは「現在」**

The tallest structure in Winnipton is ------- the Madison Building (Winniptonで最も高い建物は～Madison Buildingである) には、(C) currently (現在) が合う。

(A) exactlyは、「正確に、完全に」。
This app tells users exactly where they are.
このアプリは、正確に現在どこにいるかをユーザーに示す。

(B) mostlyは、「主に」。
Our clients are mostly foreign investors.
当社の顧客は、主に外国人投資家である。

(D) instantlyは、「瞬時に」。
After purchase, you will instantly receive an e-mail with your license key.
購入後、瞬時にライセンスキー記載のメールが届きます。

66. Construction of the hospital can begin
------- the blueprints are approved by the
city planning committee.

(A) still
(B) yet
(C) after
(D) already

🔲 □ **construction** 名 建設
□ **blueprint** 名 設計図
□ **approve** 動 承認する
□ **city planning committee** 都市計画委員会

66. Construction of the hospital can begin <u>after</u> the blueprints are approved by the city planning committee.

> 設計図が都市計画委員会によって承認された後、病院の建設が始められる。

正解 (C) after　混合

ポイント after は「〜した後」

前半の Construction of the hospital can begin（病院の建設が始められる）と後半の the blueprints are approved by the city planning committee（設計図が都市計画委員会によって承認される）をつなぐには、接続詞の（C）after（〜した後）が適切。after は前置詞にもなる。

(A) still は、副詞で「まだ」。

Westport residents are still waiting for electricity to be restored.

Westport の住民は、電気が復旧されるのをまだ待っている。

(B) yet は、副詞で「まだ」、接続詞で「〜だけれども」。

We did a lot of overtime, and yet we couldn't finish the project on time.

我々はたくさん残業をしたが、プロジェクトを期日通りに終えることができなかった。

(D) already は、副詞で「すでに」。

Ms. Smith has already changed the linen in the guest bedroom.

Smith さんは、来客用ベッドルームのリネンをすでに交換した。

67. Mr. Jung's administrative experience and excellent organizational skills ------- him the perfect candidate for the management position.

(A) show
(B) allow
(C) support
(D) make

□ **administrative** 形 経営の
□ **experience** 名 経験
□ **excellent** 形 優れた
□ **organizational skills** 組織運営能力
□ **perfect** 形 理想的な
□ **candidate** 名 候補者
□ **management position** 管理職

67. Mr. Jung's administrative experience and excellent organizational skills <u>make</u> him the perfect candidate for the management position.

Jung さんの経営経験と優れた組織運営能力が彼を理想的な管理職候補者にする。

正解 **(D) make**　動詞

ポイント　**make A ～で「Aを～にする」**

(D) make は目的語を2つ取り、make A ～で「Aを～にする」。これを使うと、make him the perfect candidate for the management position で「彼を理想的な管理職候補者にする」となり、文意に合う。

(A) show（見せる、示す）は、show A ～で「Aに～を見せる／示す」。

I'll show you a map.

あなたに地図をお見せしましょう。

(B) allow（許す、可能にする、与える）は、allow A ～で「Aに～を与える」。

Please allow us enough time to complete the project.

私たちにプロジェクトを終えるのに十分な時間をください。

(C) support（支援する）は、目的語を2つ取る用法はない。

On August 3, the city agreed to financially support the old museum.

8月3日に市は、古い博物館を財政的に支援することに同意した。

68. Despite ------- initial reviews, the movie broke the record for the most tickets sold in February.

(A) little
(B) eager
(C) wrong
(D) poor

□ **despite** 前 ～にもかかわらず
□ **initial** 形 初期の
□ **review** 名 評価、批評
□ **break the record** 記録を破る（breakの過去形はbroke、過去分詞はbroken）

68. Despite <u>poor</u> initial reviews, the movie broke the record for the most tickets sold in February.

初期の低評価にもかかわらず、その映画は2月に販売されたチケットの最多記録を破った。

正解 **(D) poor** 形容詞

ポイント **poorは「(評価などが) 低い」**

前半の Despite ------- initial reviews (初期の〜評価にもかかわらず) と後半の the movie broke the record for the most tickets sold in February (その映画は2月に販売されたチケットの最多記録を破った) の関係から、(D) poor (低い) が適切。

(A) little は、「小さい、ほとんどない」。

While Mr. Copeland has little experience, he is very willing to learn.

Copeland さんは、経験はほとんどがないが、学ぶことにとても意欲的である。

(B) eager は、「熱心な」。eager to 〜で「〜したがっている」。

Ms. Mirren is highly ambitious and eager to take on more responsibility.

Mirren さんは、とても野心的で、より重い責任を引き受けたがっている。

(C) wrong は、「間違った」。

The clock on the wall was wrong, so the class ended five minutes late.

壁の時計が狂っていたので、授業は5分遅れで終わった。

69. The marketing director believes that the commercial will ------- sales and improve the company's image.

(A) represent
(B) order
(C) boost
(D) purchase

□ **marketing director** 販売担当役員
□ **commercial** 名 コマーシャル
□ **sales** 名 売り上げ
□ **improve** 動 向上させる

69. The marketing director believes that the commercial will <u>boost</u> sales and improve the company's image.

販売担当役員は、そのコマーシャルが売り上げを増加させ、会社のイメージを向上させると信じている。

ポイント **boostは「増加させる」**

空欄後の名詞sales（売り上げ）を目的語とする動詞として、(C) boost（増加させる）が適切。boost salesで「売り上げを増加させる」。

(A) representは、「代表する、表す」。

The human resources manager will represent the company at the job fair.

人事部長は、就職フェアで会社を代表する。

(B) orderは、「注文する、命令する」。名詞では「注文、命令、順序、秩序」。

We will order some office supplies next week.

我々は、来週事務用品をいくつか注文する。

(D) purchaseは、「購入する」。名詞では「購入、購入品」

The company will purchase land to build a new facility on.

その会社は、新施設を建設するための土地を購入する。

70. Analysts predict that Arc Motors' self-driving car will be a ------- success in the United States.

(A) skillful
(B) public
(C) same
(D) great

□ **analyst** 名 アナリスト、評論家
□ **predict** 動 予想する
□ **self-driving car** 自動運転車
□ **success** 名 成功

70. Analysts predict that Arc Motors' self-driving car will be a <u>great</u> success in the United States.

アナリストは、Arc Motorsの自動運転車が米国で大成功すると予想している。

正解 (D) great　形容詞

ポイント　greatは「大きな」

空欄後のsuccess in the United States（米国での成功）を修飾する語として、(D) great（大きな）が適切。a great successで「大成功」。(B)を使ったpublic successは、private success（私生活での成功）と対をなす表現で、「公での成功＝仕事上での成功」という意味。

(A) skillfulは、「熟練した」。

Ms. Tran is a skillful lawyer who has handled many cases.

Tranさんは、多くの訴訟を手掛けた熟練した弁護士である。

(B) publicは、「公の、一般市民の」。

Every train station on this line has a public restroom.

この路線のすべての駅には公衆トイレがある。

(C) sameは、「同じ」。

All of the directors are in the same room.

すべての役員が同じ部屋にいる。

156

71. ------- preventing workplace accidents is its top priority, the company has made safety training mandatory for all staff.

(A) Either
(B) Whereas
(C) Unless
(D) Because

□ **prevent** 動 防ぐ
□ **workplace** 名 職場
□ **accident** 名 事故
□ **priority** 名 優先事項
□ **safety training** 安全訓練
□ **mandatory** 形 義務的な、必須の

71. Because preventing workplace accidents is its top priority, the company has made safety training mandatory for all staff.

職場での事故を防ぐことが最優先事項なので、会社は全職員に安全訓練を義務付けている。

正解 (D) Because　混合

ポイント **because** は「〜なので」（理由を示す）

前半の「職場での事故を防ぐことが最優先事項である」が後半の「会社は全職員に安全訓練を義務付けている」の理由になっているので、(D) Because（〜なので）が正解。

(A) Either は、形容詞で「どちらかの」、代名詞で「どちらか」。接続詞では、either A or B で「AかBのどちらか、AまたはB」。

Either Ms. Quinn or Mr. Jones will give a speech on behalf of the company.

Quinn さんか Jones さんのどちらかが会社を代表してスピーチをする。

(B) Whereas は、接続詞で「〜であるのに対して」。

Whereas many apps are free, some can be quite expensive.

多くのアプリが無料であるのに対して、かなり高価なものもある。

(C) Unless は、接続詞で「〜でない限り」。

Unless the flight is delayed, Ellen will arrive soon.

フライトが遅れない限り、Ellen はもうすぐ到着する。

72. Although hundreds of résumés were submitted, only one ------- was selected for the position.

(A) completion
(B) placement
(C) requirement
(D) applicant

□ **although** 接 〜だけれども
□ **résumés** 名 履歴書
□ **submit** 動 提出する
□ **select** 動 選ぶ
□ **position** 名 職、役職

72. Although hundreds of résumés were submitted, only one <u>applicant</u> was selected for the position.

何百もの履歴書が提出されたが、1名の応募者だけがその職に選ばれた。

正解 (D) applicant　名詞

ポイント **applicantは「応募者」**

(D) applicant (応募者) を使うと、only one applicant was selected for the position で「1名の応募者だけがその職に選ばれた」となり、前半のAlthough hundreds of résumés were submitted (何百もの履歴書が提出されたが) と上手くつながる。

(A) completion は、「完了、完成、終了」。

Upon completion of the renovation, the restaurant reopened.

そのレストランは、改装完了後すぐに再オープンした。

(B) placement は、「(職業の) 斡旋、配置」。

The school's job placement program helps students find work.

学校の職業斡旋プログラムは、学生が仕事を見つけるのに役立つ。

(C) requirement は、「必須事項、必要条件、求められていること」。

Wearing a hairnet is a requirement for cafeteria workers.

ヘアネットを着用することは、カフェテリアの従業員にとって必須事項である。

73. We are very ------- that you have accepted a position as a programmer at Alton Games.

(A) organized
(B) enjoyed
(C) pleased
(D) gifted

□ **accept** 動 受け入れる
□ **position** 名 職
□ **programmer** 名 プログラマー

73. We are very <u>pleased</u> that you have accepted a position as a programmer at Alton Games.

私たちは、あなたが Alton Games でのプログラマーとしての職を受け入れたことを非常に嬉しく思います。

正解　(C) pleased　混合

ポイント　**pleased は「嬉しい」**

空欄前後が We are very ------- that 〜という並びになっているので、形容詞の (C) pleased（嬉しい）を使い、be pleased that 〜（〜で嬉しい）の形にする。

(A) organized は、動詞 organize（組織する、整理する、企画する）の過去形・過去分詞、形容詞で「組織された、整理された、几帳面な」。

Mr. Sagan is the most organized department manager.

Sagan さんは、最も几帳面な部長である。

(B) enjoyed は、動詞 enjoy（楽しむ）の過去形・過去分詞。

Angie really enjoyed the opera in Munich.

Angie は、Munich でオペラをとても楽しんだ。

(D) gifted は、形容詞で「才能のある」。

Mick Kasey is a gifted guitarist.

Mick Kasey は、才能のあるギタリストである。

74. Many shareholders of Berner Corporation believe that it will merge with its subsidiary at ------- point in the near future.

(A) some
(B) sometime
(C) other
(D) each other

□ **shareholder** 名 株主
□ **believe** 動 考える、信じる
□ **merge** 動 合併する
□ **subsidiary** 名 子会社
□ **near future** 近い将来

74. Many shareholders of Berner Corporation believe that it will merge with its subsidiary at <u>some</u> point in the near future.

Berner Corporation の多くの株主は、近い将来のある時点で子会社と合併すると考えている。

正解　(A) some　混合　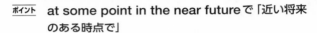

ポイント **at some point in the near future で「近い将来のある時点で」**

at some point in the near future で「近い将来のある時点で」になるので、形容詞の (A) some が適切。some は、後ろに可算名詞の単数形が続く場合、「ある〜」という意味になる。複数形が続く場合は、「いくつかの〜」。

(B) sometime は、副詞で「いつか、ある時」。

Hugh wants to get his forklift license sometime in the near future.

Hug は、近い将来のいつか、フォークリフト免許を取得したいと考えている。

(C) other は、形容詞で「別の、他の」、代名詞で「もう一方の人・物」。the other 〜で「もう一方の〜」。

The police officer recommended taking the other route.

警察官は、もう一方の経路を取ることを勧めた。

(D) each other は、「お互い」。

Erin and Camille have not seen each other since childhood.

Erin と Camille は、子供の頃からお互い会っていない。

75. International orders with expedited
shipping ------- take three to five business
days to arrive.

(A) generally
(B) capably
(C) substantially
(D) steadily

□ **international** 形 国際の
□ **order** 名 注文
□ **expedite** 動 急送する、早める
□ **expedited shipping** 速達便
□ **business day** 営業日
□ **arrive** 動 届く

75. International orders with expedited
shipping <u>generally</u> take three to five
business days to arrive.

速達便での国際注文は、通常届くのに3〜5営業日かかる。

正解 (A) generally 副詞

ポイント **generally は「通常」**

International orders with expedited shipping -------
take three to five business days to arrive. (速達便での国
際注文は、〜届くのに3〜5営業日かかる) という文意には、(A)
generally (通常) が合う。

(B) capably は、形容詞 capable (有能な) の副詞形で「上手
く」。

Ms. Hudson capably led the committee for 12
years.

Hudson さんは12年間、委員会を上手く率いた。

(C) substantially は、形容詞 substantial (かなりの、相当な)
の副詞形で「かなり、大幅に」。

The population of Africa is expected to grow
substantially.

アフリカの人口は、大幅に増加すると見込まれている。

(D) steadily は、形容詞 steady (安定した、着実な) の副詞形で
「着実に」。

The company's stock price has steadily increased
this year.

今年、会社の株価は着実に上昇している。

76. Ms. Holden received a number of business calls ------- her vacation in San Sebastian.

(A) such as
(B) during
(C) including
(D) as well as

□ **receive** 動 受ける
□ **a number of** 〜 多数の〜
□ **business call** 仕事の上の電話
□ **vacation** 名 休暇

76. Ms. Holden received a number of business calls <u>during</u> her vacation in San Sebastian.

Holden さんは、San Sebastian での休暇中、多数の仕事の上の電話を受けた。

正解 (B) during 混合

ポイント **during は「〜の間」**

空欄前の Ms. Holden received a number of business calls（Holden さんは多数の仕事の上の電話を受けた）と空欄後の her vacation in San Sebastian（San Sebastian での休暇）をつなぐには、前置詞の (B) during（〜の間）が適切。during her vacation で「休暇の間＝休暇中」。

(A) such as は、「例えば、〜などの」。

The shop specializes in antique devices, such as old typewriters.
その店は、古いタイプライターなどのアンティーク機器を専門としている。

(C) including は、前置詞で「〜を含む」。

Sixteen employees, including branch managers, attended the convention.
支店長を含む 16 人の従業員が大会に出席した。

(D) as well as は、A as well as B で「A も B も、B だけでなく A も」。

Maxair's latest ceiling fan is powerful as well as quiet.
Maxair の最新の天井扇風機は、強力で静音である。

77. Truman Media Group reported a slight ------- in net profit for the fiscal year ending June 30.

(A) statistic
(B) increase
(C) expense
(D) census

□ **report** 動 報告する
□ **slight** 形 わずかな
□ **net profit** 純利益
□ **fiscal** 形 会計の、財政の

77. Truman Media Group reported a slight <u>increase</u> in net profit for the fiscal year ending June 30.

> Truman Media Group は、6月30日に終わった会計年度に純利益のわずかな増加があったことを報告した。

正解 (B) increase 名詞

ポイント **increase in ～で「～の増加」**

increase in ～で「～の増加」なので、(B) increase (増加) が正解。increase in net profit で「純利益の増加」。

(A) statistic は、「統計」。

> That 80 percent of our customers are female is an interesting statistic.
>
> 我々の80パーセントの顧客が女性であることは、興味深い統計である。

(C) expense は、「支出、経費」。

> Mr. Murphy is in charge of approving expense reports.
>
> Murphy さんは、経費報告書の承認を担当している。

(D) census は、「国勢調査」。

> According to the latest census, only 184 people live in Buford.
>
> 最近の国勢調査によると、わずか184人が Buford に住んでいる。

78. Sunaway Airlines is working ------- to address the issue and expects to resume service to Saint Martin soon.

(A) vastly
(B) variously
(C) diligently
(D) longingly

□ **address** 動 対処する
□ **issue** 名 問題
□ **expect to 〜** 〜することを見込んでいる
□ **resume** 動 再開する

78. Sunaway Airlines is working <u>diligently</u> to address the issue and expects to resume service to Saint Martin soon.

Sunaway Airlinesは、その問題に対処するために懸命に取り組んでおり、間もなくSaint Martinへの便を再開することを見込んでいます。

正解 (C) diligently　副詞

ポイント **diligentlyは「懸命に」**

空欄前のSunaway Airlines is working (Sunaway Airlinesは取り組んでいる) を修飾する語として、(C) diligently (懸命に) が適切。

(A) vastlyは、形容詞vast (広大な、膨大な) の副詞形で、「非常に、大いに」。

Hosting the international sporting event has vastly changed this city.

国際的なスポーツイベントの開催が、この都市を大きく変えた。

(B) variouslyは、形容詞various (さまざまな) の副詞形で、「さまざまに」。

The cost has been variously estimated at between one million and two million dollars.

費用は、100万ドルから200万ドルの間でさまざまに見積もられている。

(D) longinglyは、名詞longing (切望) の副詞形で、「切望して、懐かしそうに」。

Shauna looks back on her university years longingly.

Shaunaは、大学時代を懐かしそうに振り返る。

79. New sales associates ------- would like to take part in additional training should speak to a supervisor.

(A) who
(B) they
(C) their
(D) when

❌ □ **sales associate** 販売員
□ **take part in 〜** 〜に参加する
□ **additional** 形 追加の
□ **training** 名 研修
□ **supervisor** 名 監督者

79. New sales associates <u>who</u> would like to take part in additional training should speak to a supervisor.

追加の研修に参加を希望する新人販売員は、監督者に話してください。

正解 (A) who　混合

ポイント　関係代名詞whoは人を受ける

空欄前の New sales associates (新人販売員) は人なので、人を受ける関係代名詞の (A) who が正解。New sales associates who would like to take part in additional training で「追加の研修に参加を希望する新人販売員」。

(B) they は、主格の代名詞で「彼らは、彼らが」。

The managers compared notes after they interviewed two candidates.

部長たちは、2人の候補者を面接した後、メモを比べた。

(C) their は、所有格の代名詞で「彼らの」。

Visitors are asked to turn off their phones.

訪問者は、彼らの電話の電源を切るように求められている。

(D) when は、副詞で「いつ」、接続詞で「~する時」。

We arrived at the theater right when the play began.

私たちは、ちょうど劇が始まった時に劇場に到着した。

80. The driver informed the passengers that Whippet Coaches does not accept ------- for personal belongings left on the bus.

(A) condition
(B) responsibility
(C) accuracy
(D) functioning

□ **inform** 動 知らせる
□ **passenger** 名 乗客
□ **coach** 名 長距離バス
□ **accept** 動 受け入れる、負う
□ **personal belongings** 個人の所有物、私物

80. The driver informed the passengers that Whippet Coaches does not accept <u>responsibility</u> for personal belongings left on the bus.

運転手は、Whippet Coaches がバスに残された私物に対する責任を負わないことを乗客に知らせた。

正解 **(B) responsibility** 混合

ポイント responsibility for 〜で「〜に対する責任」

名詞の (B) responsibility (責任) は、responsibility for 〜で「〜に対する責任」なので、空欄前の動詞accept (受け入れる、負う) の目的語として適切。

(A) condition は、名詞で「状態、条件」。

Some of the 50-year-old comic books were in nearly perfect condition.

50年前の漫画本のいくつかは、ほぼ完全な状態であった。

(C) accuracy は、名詞で「正確さ」。with accuracy で「正確に」。

Scientists are developing ways to detect malaria with greater accuracy.

科学者たちは、マラリアをより正確に検出する方法を開発している。

(D) functioning は、動詞 function (機能する) の -ing形 (現在分詞・動名詞)。

When the heater stopped functioning properly, the room got cold.

暖房器具が正常に機能しなくなった時、部屋は寒くなった。

81. Braylaro's herbal teas are found ------- in supermarkets but also at health food stores.

(A) not only
(B) in case
(C) most of
(D) as well

□ **herbal** 形 ハーブの
□ **supermarket** 名 スーパー
□ **health food** 健康食品

81. Braylaro's herbal teas are found <u>not only</u> in supermarkets but also at health food stores.

Braylaroのハーブティーは、スーパーだけでなく健康食品店でも見つけられる。

正解 (A) not only　熟語

ポイント　not only A but also Bで「AだけでなくBも」

文の後半にbut alsoがあるので、(A) not onlyを使い、not only A but also B（AだけでなくBも）の形にする。not only in supermarkets but also at health food storesで「スーパーだけでなく健康食品店でも」。

(B) in caseは、in case of 〜で「〜の場合」。
Follow the instructions in case of a paper jam.
紙詰まりの場合は、取扱説明書に従ってください。

(C) most ofは、「〜の大部分」。
I think most of our guests prefer tea over coffee.
来客の多くは、コーヒーより紅茶を好むと思います。

(D) as wellは、「〜でもある、その上」。
This is not just her home but her workplace as well.
これは彼女の家であるだけでなく、職場でもある。

82. There is growing concern -------
environmentalists as to the impact of
deforestation in the region.

(A) among
(B) here
(C) onto
(D) so that

❎ □ **growing** 形 高まる
□ **concern** 名 懸念
□ **environmentalist** 名 環境問題専門家
□ **as to ～** ～に関して
□ **impact** 名 影響
□ **deforestation** 名 森林破壊
□ **region** 名 地域

82. There is growing concern <u>among</u> environmentalists as to the impact of deforestation in the region.

この地域の森林破壊の影響に関して、環境問題専門家の間で懸念が高まっている。

正解 **(A) among** 混合

ポイント **among は「〜の間で」**

前置詞の (A) among (〜の間で) を使うと、among environmentalists で「環境問題専門家の間で」となり、文意に合う。There is growing concern among environmentalists で「環境問題専門家の間で高まる懸念がある＝環境問題専門家の間で懸念が高まっている」。

(B) here は、副詞で「ここに、ここへ、ここで」。

There is growing concern here in Bradford.
ここ Bradford では懸念が高まっている。

(C) onto は、前置詞で「〜の上に」。

A man is loading boxes onto a truck.
男性が箱をトラックの上に積んでいる。

(D) so that は、「〜できるように」。

Tell me your new address so that I can update your account.
あなたのアカウントを更新できるように、新しい住所を教えてください。

83. Hippros Entertainment intends to make its films and TV series ------- to overseas subscribers.

(A) previous
(B) positioned
(C) available
(D) abridged

□ **intend** 動 意図する
□ **intend to ～** ～する予定である
□ **overseas** 形 海外の
□ **subscriber** 名 加入者

83. Hippros Entertainment intends to make its films and TV series <u>available</u> to overseas subscribers.

Hippros Entertainmentは、映画とテレビシリーズを海外の加入者が利用できるようにする予定である。

正解 (C) available　混合

ポイント　available は「利用できる」

make A available to B で「AをBが利用できるようにする」になるので、make its films and TV series ------- to overseas subscribers. (映画とテレビシリーズを海外の加入者が〜にする) という文意に合うのは、形容詞の (C) available (利用できる)。

(A) previous は、形容詞で「前の」。

　　Sales increased during the previous quarter.
　　前四半期に売り上げが増加した。

(B) positioned は、動詞 position (位置付ける) の過去形・過去分詞

　　A sofa has been positioned along the wall.
　　ソファーは、壁沿いに置かれた。

(D) abridged は、動詞 abridged (短くする) の過去形・過去分詞、形容詞で「要約された」。

　　The report was very long, so an abridged version was created.
　　報告書はとても長かったので、要約版が作られた。

84. Our design team has earned a reputation for reliability, as it consistently ------- deadlines.

(A) fits
(B) meets
(C) finds
(D) appears

□ **earn** 動 得る
□ **reputation** 名 評判
□ **reliability** 名 信頼性
□ **consistently** 副 一貫して
□ **deadline** 名 期限、締め切り

84. Our design team has earned a reputation for reliability, as it consistently <u>meets</u> deadlines.

弊社設計チームは、一貫して期限を守っているので、信頼性で評判を得ている。

正解 (B) meets 動詞

ポイント meet a deadline で「期限を守る」

空欄後の deadlines (期限) を目的語として取る動詞として、(B) meets が適切。動詞 meet には、「(人に) 会う」に加え、「(期限を) 守る、(条件を) 満たす」などの意味もある。

(A) fits (原形 fit) は、「合う、ふさわしい、納める」。

This van fits my needs better than the car I used to drive.

このバンは、以前私が運転していた車より、私のニーズによく合っている。

(C) finds (原形 find) は、「見つける」。過去形・過去分詞は found。

Ms. Dickey finds furnished apartments for her clients.

Dickey さんは、顧客のために家具付きアパートを見つける。

(D) appears (原形 appear) は、「〜のように見える」。

The CEO appears satisfied with the outcome of the negotiations.

最高経営責任者は、交渉の結果に満足しているように見える。

85. In Ms. Findley's book on healthy eating, there is only one chapter that ------- her own research.

(A) refers to
(B) applies for
(C) comes across
(D) keeps on

□ **healthy eating** 健康的な食事
□ **chapter** 名 章
□ **research** 名 研究

85. In Ms. Findley's book on healthy eating, there is only one chapter that <u>refers to</u> her own research.

Findleyさんの健康的な食事に関する本では、彼女自身の研究に言及している章は1つしかない。

ポイント refers to ~は「~に言及する」

空欄後のher own research（彼女自身の研究）を目的語として取る熟語として、(A) refers to（~に言及する）が適切。chapter that refers to her own researchで「彼女自身の研究に言及している章」。thatは関係代名詞で、直前のchapterを受ける。

(B) applies forは、「~に申し込む、応募する、~を申請する」。

Whoever applies for a permit has to sign this agreement.

許可証を申請する人は誰でも、この同意書に署名しなければならない。

(C) comes acrossは、「偶然に出会う、伝わる、思い浮かぶ」。

Ms. Baxter's enthusiasm for the job comes across very clearly.

Baxterさんの仕事に対する熱意は、とてもはっきり伝わる。

(D) keeps onは、「~を続ける」。

He never wins anything, but he keeps on playing the lottery.

彼は決して何も当たらないが、宝くじを買い続ける。

86. Mr. Roberts shared his ------- for dealing
with the company's public relations
problem.

(A) awareness
(B) reality
(C) idea
(D) meaning

□ **share** 動 共有する
□ **deal with ～** ～に対処する (dealの過去形・過去分
  詞はdealt)
□ **public relations** 広報

86. Mr. Roberts shared his <u>idea</u> for dealing with the company's public relations problem.

Robertsさんは、会社の広報上の問題へ対処するための彼の考えを共有した。

正解 (C) idea　名詞

ポイント　**ideaは「考え」**

Mr. Roberts shared his ------- for dealing with the company's public relations problem. (Robertsさんは、会社の広報上の問題へ対処するための彼の〜を共有した) には、(C) idea (考え) が合う。

(A) awareness は、「意識」。

There is a growing awareness of cybersecurity threats at the company.

その会社では、サイバーセキュリティの脅威への意識が高まっている。

(B) reality は、「現実」。in reality で「実際には」。

He seemed self-confident during his presentation, but in reality, he was very nervous.

彼はプレゼンテーション中、自信があるように見えたが、実際にはとても緊張していた。

(D) meaning は、「意味」。

One meaning of the word "run" is "manage."

run という語の意味の1つは、manage (運営する) である。

87. Velnor Rail transports consumer goods back and forth ------- the border separating Canada and the United States.

(A) between
(B) across
(C) with
(D) onto

□ **transport** 動 輸送する
□ **consumer goods** 消費財（一般消費者が購入する商品）
□ **back and forth** 往復して
□ **border** 名 国境
□ **separate** 動 隔てる、分ける

87. Velnor Rail transports consumer goods back and forth <u>across</u> the border separating Canada and the United States.

Velnor鉄道は、カナダとアメリカを隔てる国境を越えて消費財を往復輸送している。

正解 (B) across　前置詞

ポイント　**across は「〜を越えて」**

空欄前の Velnor Rail transports consumer goods back and forth（Velnor鉄道は消費財を往復輸送する）と空欄後の the border separating Canada and the United States（カナダとアメリカを隔てる国境）の関係を考えると、(B) across（〜を越えて）が合う。(A) between（〜の間で／に）は、between Canada and the United States（カナダとアメリカの間で）であれば可。

(A) between は、「〜の間で／に」。

There will be a short break between the workshops.

研修会の間に短い休憩が入ります。

(C) with は、「〜と共に、〜により」。

I had lunch with my colleagues.

私は、同僚と一緒に昼食を取った。

(D) onto は、「〜の上に」。

Joshua climbed onto the roof to paint the sign.

Joshuaは、看板にペンキを塗るために屋根の上に上った。

88. If you are interested in working for Pencruz Logistics, please visit our Web site for information on ------- procedures.

(A) specification
(B) application
(C) donation
(D) provision

□ **interested in ～** ～に興味がある、～したい
□ **logistics** 名 物流管理、後方支援
□ **information on ～** ～に関する情報
□ **procedure** 名 手順、手続き

88. If you are interested in working for Pencruz Logistics, please visit our Web site for information on <u>application</u> procedures.

Pencruz Logistics で働きたい方は、弊社のウェブサイトで応募手続きに関する情報をご覧ください。

正解 (B) application　名詞

ポイント　application procedures で「応募手続き」

(B) application を使うと、application procedures で「応募手続き」となり、「Pencruz Logistics で働きたい方は、弊社のウェブサイトで〜に関する情報をご覧ください」という文意に合う。

(A) specification は、「仕様書、明細書」。

A job specification defines the skills and abilities required for a position.

職務明細書は、職に求められる技能と能力を定義する。

(C) donation は、「寄付」。

The community center received a donation of used computers.

コミュニティセンターは、中古コンピュータの寄付を受けた。

(D) provision は、「供給、準備、条件、引当金」

The Ministry of Education is responsible for the provision of education.

文部省は、教育の提供に対する責任を負う。

89. As long as we receive your payment before November 1, we will be able to ------- your subscription at the discounted price.

(A) renew
(B) urge
(C) proceed
(D) attract

□ **as long as ～**　～すれば、～する限りは
□ **receive**　動 受け取る
□ **payment**　名 支払い
□ **subscription**　名 定期購読
□ **discounted price**　割引価格

89. As long as we receive your payment before November 1, we will be able to <u>renew</u> your subscription at the discounted price.

11月1日までにお支払いを受け取る限り、あなたの定期購読を割引価格で更新することができます。

正解 (A) renew 動詞

ポイント **renewは「更新する」**

your subscription (あなたの定期購読) を目的語として取る動詞として、(A) renew (更新する) が適切。

(B) urge は、「強く促す、強く勧める」。

We urge you to make the payment as soon as possible.

できるだけ早く支払いをすることを強くお勧めします。

(C) proceed は、「始める、進む、続行する」。

If you would like to make an online payment, please proceed to the payment page.

オンライン決済をご希望の場合は、お支払いページへ進んでください。

(D) attract は、「引き付ける、魅了する」。

In the next meeting, we will discuss how to attract more customers online.

次の会議で我々は、オンライン上でより多くの顧客を引き付ける方法について話し合う。

90. Without ------- time to prepare, Mr. Jacobs is unlikely to make a persuasive presentation.

(A) frequent
(B) punctual
(C) sufficient
(D) reliable

□ **without** 前 ～なしで
□ **prepare** 動 準備する
□ **unlikely to ～** ～しそうにない
□ **persuasive** 形 説得力のある
□ **presentation** 名 プレゼンテーション

90. Without <u>sufficient</u> time to prepare,
Mr. Jacobs is unlikely to make a persuasive
presentation.

十分な準備時間なしで、Jacobsさんは説得力のあるプレゼンテーションをできそうにない。

正解 (C) sufficient　形容詞

ポイント sufficientは「十分な」

空欄後の time to prepare (準備時間) を修飾する語として、(C) sufficient (十分な) が適切。Without sufficient time to prepare で「十分な準備時間なしで」。

(A) frequent は、「頻繁な、よくある」。

Boat tours around the island will be less frequent.

島周辺のボートツアーは、これから頻度が下がる。

(B) punctual は、「時間を守る、時間通りの」。

Fiona is always punctual for appointments.

Fionaは、常に約束の時間を守る。

(D) reliable は、「信頼できる、確実な」。

The bus service downtown is not always reliable.

繁華街でのバスの運行は、必ずしも信頼できるとは限らない。

91. The trade fair will be held in late September, but a venue has ------- not been confirmed.

(A) still
(B) ever
(C) anyway
(D) especially

□ **trade fair** 見本市
□ **hold** 動 開催する（過去形・過去分詞はheld）
□ **venue** 名 会場
□ **confirm** 動 確定する

91. The trade fair will be held in late September, but a venue has <u>still</u> not been confirmed.

見本市は9月下旬に開催されるが、会場はまだ確定されていない。

ポイント **still**は「まだ」

(A) still は、否定文で用いられると、「まだ（〜ない）」という意味になるので、「見本市は9月下旬に開催されるが、会場は〜確定されていない」という文意に合う。

(B) everは、「これまでに」。

The WD-B9X is the widest monitor ever made.

WD-B9Xは、これまでに作られた中で最も幅の広いモニターです。

(C) anywayは、「とにかく、いずれにせよ」。

We didn't need a projector, but Pat brought one anyway.

我々はプロジェクターが必要ではなかったが、Patはいずれにせよ持ってきた。

(D) especiallyは、「特に」。

Taking care of this matter is especially important.

この問題に対処することは、特に重要である。

92. During his lecture, Mr. Hussein offered a number of tips on ------- to conserve electricity.

(A) for
(B) as
(C) regard
(D) how

□ **lecture** 名 講義
□ **offer** 動 提供する
□ **a number of** 〜 多くの〜
□ **tip** 名 (有益な) ヒント
□ **conserve** 動 節約する、保護する
□ **electricity** 名 電力

92. During his lecture, Mr. Hussein offered a number of tips on <u>how</u> to conserve electricity.

講義中、Husseinさんは電力を節約する方法に関する多くのヒントを提供した。

正解 (D) how 混合

ポイント how to ～で「～する方法」

(D) howは、後ろにto不定詞が続き、how to ～で「～する方法」。この塊で名詞として扱われるので、前置詞onの後ろに来ることができる。tips on how to conserve electricityで「電力を節約する方法に関するヒント」。

(A) forは、前置詞で「～のため」。

He offered a number of tips for conserving electricity.

彼は、電力を節約するための多くの助言をした。

(B) asは、as to ～で「～に関して」。

He offered a number of tips as to how to conserve electricity.

彼は、電力を節約する方法に関して、多くの助言をした。

(C) regardは、in regard to ～で「～に関して」。

I am writing in regard to energy conservation.

私は、エネルギーの節約に関して、これを書いています。

93. Since our analysts have first-hand knowledge of the markets they appraise, their figures are highly -------.

(A) acquainted
(B) attentive
(C) accurate
(D) alert

□ **since** 接 ～なので
□ **analyst** 名 分析者、専門家、アナリスト
□ **first-hand** 形 直接得た
□ **knowledge** 名 知識、情報
□ **appraise** 動 評価する
□ **figure** 名 数字
□ **highly** 副 非常に

93. Since our analysts have first-hand knowledge of the markets they appraise, their figures are highly accurate.

我々のアナリストは、評価する市場に関して直接得た情報を持っているので、彼らの数値は非常に正確である。

正解 (C) accurate　形容詞

ポイント　accurateは「正確な」

their figures are highly ------- （彼らの数値は非常に～である）
に合うのは、（C）accurate（正確な）。

(A) acquaintedは「知識のある、知り合いの」。be acquainted with ～で「～をよく知っている、～に精通している」。

New employees should be acquainted with the safety regulations.
新入社員は、安全規則に精通しなければならない。

(B) attentiveは、「注意している、よく気が付く、話をよく聞く」。

Attendees at the briefing were attentive and constantly taking notes.
説明会の出席者は、話をよく聞いており、絶えずメモを取っていた。

(D) alertは、「警戒した、注意を怠らない、機敏な」。

Boaters on Lake Michigan should be alert to sudden changes in the weather.
Michigan湖でボートに乗る人は、天候の急変に警戒するべきである。

94. The British auction house declined to

------- the painting's current owner, who

wished to remain anonymous.

(A) unify

(B) establish

(C) identify

(D) understand

□ **auction** 名 競売、オークション

□ **decline** 動 断る、拒否する

□ **current** 形 現在の

□ **wish** 動 望む

□ **remain** 動 ～のままでいる

□ **anonymous** 形 匿名の

94. The British auction house declined to
<u>identify</u> the painting's current owner, who
wished to remain anonymous.

英国の競売会社は、匿名のままでいることを望むその絵画の
現在の所有者を明らかにすることを拒否した。

ポイント　identify は「明らかにする」

declined to ------- the painting's current owner, who
wished to remain anonymous（匿名のままでいることを望むそ
の絵画の現在の所有者を～ことを拒否した）には、(C) identify（明
らかにする）が合う。

(A) unify は、「統一する」。

We will unify Horst Leasing's operations under a
set of common values.

我々は、Horst Leasing の業務を共通の価値観のもとに統一する。

(B) establish は、「設立する、確立する」。

Taylor Suppliers works with customers to
establish strategic partnerships.

Taylor Suppliers は、戦略的提携を確立するために顧客と協力する。

(D) understand は、「理解する」。

Please understand that the transfer will be
temporary.

この異動は一時的なものであることをご理解ください。

95. The owner of Kinsley Designs has decided to lease a laser copier ------- purchasing one.

(A) so that
(B) according to
(C) instead of
(D) on behalf of

□ **decide to ～**　～することに決める
□ **lease**　動 借りる
□ **purchase**　動 購入する

95. The owner of Kinsley Designs has decided to lease a laser copier <u>instead of</u> purchasing one.

Kinsley Designsのオーナーは、レーザーコピー機を購入する代わりに、借りることに決めた。

正解 **(C) instead of　熟語**

ポイント **instead of ～は「～の代わりに」**

空欄前の The owner of Kinsley Designs has decided to lease a laser copier（Kinsley Designsのオーナーは、レーザーコピー機を借りることに決めた）と空欄後のpurchasing one（1台購入すること）の関係を考えると、(C) instead of（～の代わりに）が合う。

(A) so that（～できるように）は、後ろに節（主語＋動詞）が必要。

Remember to cover the barbecue grill so that it stays dry.

バーベキューグリルを乾いている状態に保てるように、忘れずにカバーを掛けてください。

(B) according to は、群前置詞で「～によると、～にしたがって」。

Betty seasoned the chicken according to the recipe.

Bettyは、そのレシピにしたがって、鶏肉に味付けをした。

(D) on behalf of は、群前置詞で「～を代表して」。

Mr. Dixon accepted the award on behalf of the company.

Dixonさんは、会社を代表して賞を受け取った。

96. Before they order, Beach Grill customers are told that the restaurant accepts only -------.

(A) payment
(B) totals
(C) wages
(D) cash

□ **order** 動 注文する
□ **customer** 名 顧客
□ **accept** 動 受け付ける

96. Before they order, Beach Grill customers are told that the restaurant accepts only <u>cash</u>.

注文する前に、Beach Grill の客はこのレストランが現金のみ受け付けることを伝えられる。

正解 **(D) cash 名詞**

ポイント **cashは「現金」**

Before they order, Beach Grill customers are told that the restaurant accepts only -------. (注文する前に、Beach Grill の客はこのレストランが〜のみ受け付けることを伝えられる) という文意に合うのは、(D) cash (現金)。動詞 accept には、支払い手段として、現金やクレジットカードなどを「受け付ける」という意味がある。

(A) payment は、名詞で「支払い」。

The payment was received last Friday.

支払いは、先週の金曜日に受領された。

(B) totals は、名詞 total (合計、総数) の複数形、または動詞 total (合計する) の3人称単数現在形。

The totals are unofficial until all votes are counted.

集計結果は、すべての票が数えられるまで、非公式である。

(C) wages は、名詞 wage (賃金) の複数形。

Hourly wages rose by an average of 2.7 percent last year.

時間給は昨年、平均2.7パーセント上昇した。

97. If you decide to cancel your cottage reservation, your deposit is ------- refundable up to three days before the rental date.

(A) smoothly
(B) entirely
(C) justly
(D) tightly

□ **decide to ～**　～することに決める
□ **cancel**　動 キャンセルする
□ **cottage**　名 コテージ
□ **reservation**　名 予約
□ **deposit**　名 手付金
□ **refundable**　形 返金可能な
□ **up to ～**　～まで
□ **rental**　形 賃貸の

97. If you decide to cancel your cottage reservation, your deposit is <u>entirely</u> refundable up to three days before the rental date.

コテージの予約をキャンセルすると決めた場合、賃貸日の3日前まで手付金は全額返金可能です。

ポイント　**entirely refundable で「全額返金可能な」**

空欄後のrefundable (返金可能な) を修飾する語として、(B) entirely (まったく、完全に) が適切。entirely refundable で「全額返金可能な」。

(A) smoothlyは、「滑らかに、円滑に」。

The office relocation went very smoothly.

オフィスの移転は、とても円滑に行われた。

(C) justlyは、「正当に、正確に、当然」。

Mr. Perkins is justly proud of his lifetime achievement award.

Perkins さんは、生涯功績賞を当然、誇りに思う。

(D) tightlyは、「きつく、しっかりと」。

If the cap is not screwed on tightly, the jar will leak.

蓋がしっかり締められていないと、ジャーは漏れる。

98. Mr. Marks turned his business into a multi-billion-dollar company within ------- a few years.

(A) about
(B) until
(C) just
(D) before

□ **turn A into B** AをBに変える
□ **business** 名 事業、会社
□ **multi-billion-dollar** 形 数十億ドルの
□ **within** 前 〜以内に
□ **a few years** 数年

98. Mr. Marks turned his business into a multi-billion-dollar company within <u>just</u> a few years.

Marks さんは、ほんの数年以内に彼の事業を数十億ドルの会社に変えた。

正解 (C) just 混合

ポイント **just は「ほんの」**

空欄には、後ろの a few years（数年）を修飾する語が入るので、副詞の (C) just（ほんの）が適切。just a few years で「ほんの数年」。(A) about（約）を使って、about a few years とすると、about と a few が共におよその数を示し、意味が重複するので不可。

(A) about は、副詞で「約、およそ」、前置詞で「～について」。
His trip to Japan lasted about two weeks.
彼の日本の旅は、約2週間続いた。

(B) until は、前置詞で「～まで」、接続詞で「～するまで」
Mr. McKee was a vegetarian until a few years ago.
McKee さんは、数年前までベジタリアンだった。

(D) before は、前置詞で「～の前に」、接続詞で「～する前に」。
Check the engine oil again before the end of the month.
月末までにエンジンオイルを再度確認してください。

99. After a decade of ------- growth, Herald Cellular is struggling amid tough competition from rivals.

(A) steady
(B) detailed
(C) renewable
(D) entire

□ **decade** 名 10年間
□ **growth** 名 成長
□ **struggle** 動 苦戦する、苦労する
□ **amid** 前 ～の中で
□ **tough** 形 厳しい
□ **competition** 名 競争
□ **rival** 名 ライバル会社

99. After a decade of <u>steady</u> growth, Herald Cellular is struggling amid tough competition from rivals.

10年間の着実な成長の後、Herald Cellularはライバル会社との厳しい競争の中で苦戦している。

正解 (A) steady　形容詞

ポイント **steady は「着実な」**

a decade of ------- growth（10年間の〜成長）には、(A) steady（着実な）が合う。

(B) detailed は、「詳しい、詳細な、きめ細かい」。

Mr. Parnell requested a detailed explanation of the problem.

Parnell さんは、その問題に関する詳しい説明を求めた。

(C) renewable は、「再生可能な」。

Using renewable energy to power your home reduces utility expenses.

家庭への電力供給に再生可能エネルギーを使うことは、光熱費を削減する。

(D) entire は、「全体の」。

The entire camera industry had to transition from film to digital technology.

カメラ業界全体は、フィルムからデジタル技術へ移行しなければならなかった。

100. Reservations at Rosario's Bistro must now be made at least a week -------.

(A) in advance
(B) at a time
(C) at first
(D) frequently

□ **reservation** 名 予約
□ **at least** 少なくとも、最低でも

100. Reservations at Rosario's Bistro must now be made at least a week <u>in advance</u>.

Rosario's Bistro の予約は現在、少なくとも1週間前に行われなければならない。

ポイント　〜 in advance で「〜前に」

「Rosario's Bistro の予約は現在、少なくとも1週間〜行われなければならない」という文意に合うのは、(A) in advance（前に、前もって）。a week in advance で「1週間前に」。

(B) at a time（1度に）は、one at a time（1度に1人／1つずつ）、two at a time（1度に2人／2つずつ）のように使われる。

The job candidates were escorted one at a time into the office.

求職者は、1度に1人ずつオフィスに通された。

(C) at first は、「最初は、初めは」。

The discussion was calm at first but then became emotional.

議論は、初めは穏やかだったが、その後感情的になった。

(D) frequently は、形容詞 frequent（頻繁な、よくある）の副詞形で、「頻繁に」。

Add garlic to the pan and stir frequently to prevent burning.

にんにくを平鍋に入れ、焦げないように頻繁にかき混ぜてください。

101. When the new brochures are delivered from the printer, send ------- to the photographer who took the pictures.

(A) one
(B) each
(C) only
(D) whichever

□ **brochure** 名 パンフレット
□ **deliver** 動 配達する
□ **printer** 名 印刷業者、印刷所
□ **photographer** 名 写真家

101. When the new brochures are delivered from the printer, send <u>one</u> to the photographer who took the pictures.

新しいパンフレットが印刷業者から配達されたら、写真を撮った写真家に1部送ってください。

正解 **(A) one** 混合

ポイント **oneは前出の名詞のうちの1つを示す**

(A) one には、前に出た名詞が示す人・物のうちの1つを表す用法がある。これを使うと、one が brochures (パンフレット) のうちの「1部」という意味になり、文意が成り立つ。

(B) each は、形容詞で「それぞれの」、代名詞で「それぞれ」。

Workers learn maintenance procedures for each machine in the factory.

作業員は、工場内の各機械の保守手順を学ぶ。

(C) only は、形容詞で「唯一の」、副詞で「～だけ、たった」。

We prepare every dish with only the freshest ingredients.

私たちは、最も新鮮な食材だけを使ってすべての料理を準備します。

(D) whichever は、代名詞で「どれでも、どちらでも」、形容詞で「どの～でも、どちらの～でも」。

Either a digital or paper invoice is fine, so send us whichever is convenient for you.

請求書はデジタルまたは紙のどちらでも良いので、あなたの都合が良い方を送ってください。

102. Research suggests that tending to plants in a garden ------- people's health and happiness.

(A) performs
(B) achieves
(C) completes
(D) improves

□ **research** 名 研究
□ **suggest** 動 示す
□ **tend to ～** ～の手入れする、～の世話をする
□ **health** 名 健康
□ **happiness** 名 幸福

102. Research suggests that tending to plants in a garden <u>improves</u> people's health and happiness.

研究は、庭の植物を手入れすることが人々の健康と幸福を向上させることを示している。

ポイント improveは「向上させる」

tending to plants in a garden ------- people's health and happiness (庭の植物を手入れすることは、人々の健康と幸福を〜) に合うのは、(D) improves (向上させる)。

(A) performs (原形perform) は、「行う、演じる」。

Ms. Brown performs a safety inspection of our plant every month.

Brownさんは、毎月工場の安全点検を行う。

(B) achieves (原形achieve) は、「達成する」。

When the company achieves its growth target, it will enter new markets.

その会社は、成長目標を達成したら、新しい市場に参入する。

(C) completes (原形complete) は、「完了させる、終える」。

If Lucy completes her report by noon, she will join us for lunch.

Lucyは、正午までに報告書を終えたら、私たちと一緒にランチに行く。

103. The cafeteria manager has requested that recyclables be sorted ------- one of four categories.

(A) under
(B) between
(C) into
(D) about

□ **cafeteria** 名 食堂
□ **manager** 名 支配人
□ **request** 動 求める
□ **recyclable** 名 再生利用可能なもの（通常複数形の recyclables）
□ **sort** 動 分類する
□ **category** 名 区分

103. The cafeteria manager has requested that recyclables be sorted <u>into</u> one of four categories.

食堂の支配人は、再生利用可能なものが4区分のいずれかに分類されることを求めた。

正解 (C) into　前置詞

ポイント sort A into Bで「AをBに分類する」

動詞sort（分類する）は、sort A into Bで「AをBに分類する」となる。この文は、Aに当たるrecyclablesが主語の位置に来て、受動態になっている。よって、(C) intoが正解。be sorted into 〜で「〜に分類される」。なお、動詞request（求める）の後ろに続くthat節中の動詞は、原形になるので（仮定法現在）、be動詞が原形で使われている。

(A) underは、「〜の下に」。

Mr. Theroux found his mobile phone under a file folder.

Therouxさんは、携帯電話をファイルフォルダーの下に見つけた。

(B) betweenは、「〜の間で／に」。between A and Bで「AとBの間で／に」。

Parking between 1 A.M. and 6 A.M. is free.

午前1時から午前6時までの間の駐車は、無料です。

(D) aboutは、「〜について」。

Geoff is passionate about his hobby of stamp collecting.

Geoffは、切手収集の趣味に熱心である。

104. Because the courses are delivered entirely online, students can complete them at their own -------.

(A) action
(B) pace
(C) balance
(D) style

□ **deliver** 動 届ける、（講義などを）行う
□ **entirely** 副 完全に
□ **online** 副 オンラインで
□ **complete** 動 修了する

104. Because the courses are delivered entirely online, students can complete them at their own <u>pace</u>.

それらのコースは、完全にオンラインで行われるので、学生は、自分のペースで修了することができる。

ポイント at one's own pace で「自分のペースで」

at their own pace で「彼ら自身のペースで」の意味になるので、(B) pace (ペース) が正解。(D) style (スタイル) は、前置詞inを伴い、in their own style (彼ら自身のスタイルで、自己流で) のように使う。

(A) action は、「行動」。in action で「作動中の」。
　　Ms. Gleeson saw the 3D printer in action.
　　Gleeson さんは、その3Dプリンターが作動しているところを見た。

(C) balance は、「バランス、平衡、均衡、残高」。
　　A service fee will be deducted from your account balance.
　　あなたの口座残高からサービス料が引かれます。

(D) style は、「スタイル、様式、型、流行」。in style で「流行している、立派に、華々しく」。
　　Tight jeans were in style a few years ago.
　　細身のジーンズは、数年前に流行した。

105. The committee is ------- to present a budget plan to the board of directors.

(A) because
(B) ready
(C) noticeably
(D) whether

□ **committee** 名 委員会
□ **present** 動 提示する
□ **budget plan** 予算案
□ **board of directors** 取締役会

105. The committee is <u>ready</u> to present a budget plan to the board of directors.

委員会は、予算案を取締役会に提示する準備ができている。

正解 (B) ready　混合

ポイント　be ready to ～で「～する準備ができている」

空欄前後が is ------- to present の並びなので、形容詞の (B) ready（準備ができて）を使い、be ready to ～（～する準備ができている）の形にする。他の選択肢も is の後ろに続くことが可能だが、後ろに to 不定詞が続く is ------- to ～という組み合わせでは使えない。

(A) because は、接続詞で「～なので」。

I bought this smartphone because it was the cheapest.

このスマートフォンは最安値だったので、私はそれを買った。

(C) noticeably は、副詞で「著しく、目に見えて」。

After a week of no rain, the cornfield is noticeably dry.

1週間雨が降らなかった後、トウモロコシ畑は著しく乾燥している。

(D) whether は、接続詞で「～かどうか」。

The question is whether we expand our business to Asia.

問題は、我々の事業をアジアに拡張するかどうかである。

106. The play's director is ------- that a lot of actors will register for an audition.

(A) hopeful
(B) favorable
(C) satisfying
(D) probable

□ **play** 名 劇
□ **director** 名 演出家
□ **register for ~** ~に申し込む
□ **audition** 名 オーディション

106. The play's director is <u>hopeful</u> that a lot of actors will register for an audition.

その劇の演出家は、多くの俳優がオーディションに申し込む ことに期待を寄せている。

正解 (A) hopeful　形容詞

ポイント **hopefulは「期待を寄せている」**

The play's director is ------- that a lot of actors will register for an audition. (その劇の演出家は、多くの俳優がオーディションに申し込むことに〜) という文意に合うのは、(A) hopeful (期待を寄せている)。

(B) favorable は、「好ましい、期待できる」。

The book has received favorable reviews from critics.

その本は批評家から好評を得ている。

(C) satisfying は、「満足させる」。

There is nothing more satisfying than a refreshing swim.

気持ちの良い泳ぎほど、満足なものはない。

(D) probable は、「推定の、起こりそうな」

Human error was the probable cause of the accident.

人為的ミスが事故の推定原因であった。

107. Ms. Morley has one week to review the terms of the contract and decide ------- to sign it or not.

(A) neither
(B) whereas
(C) although
(D) whether

□ **review** 動 検討する、見直す
□ **term** 名 条件
□ **contract** 名 契約書、契約
□ **decide** 動 決める
□ **sign** 動 署名する

107. Ms. Morley has one week to review the terms of the contract and decide <u>whether</u> to sign it or not.

Morleyさんは、契約書の条件を検討し、署名するかしないか決めるのに1週間ある。

正解 (D) whether 混合

ポイント whether to ～ or notで「～するかしないか」

選択肢中、後ろにto不定詞を取れるのは、接続詞の(D) whether(～かどうか)のみ。whether to sign it or notで「(それに)署名するかしないか」。

(A) neitherは、形容詞で「どちらの～も～でない」、代名詞で「どちらも～でない」。neither A nor Bで「AもBも～でない」。

We have neither the fabric nor the dyes to make more curtains.

私たちは、カーテンをもっと作るための布も染料もない。

(B) whereasは、接続詞で「～であるのに対して」。

Ms. Faye is a veterinary expert, whereas Mr. Santos is new to the field.

Fayeさんは獣医学の専門家なのに対して、Santosさんはこの分野の新顔である。

(C) althoughは、接続詞で「～だけれども」。

Keith decided to go to the ceremony, although he did not want to.

Keithは、式典に行きたくなかったが、行くことに決めた。

108. Hobson Signage sent Mr. Bartlett an estimate for the cost of ------- his damaged storefront sign.

(A) replacing
(B) developing
(C) identifying
(D) communicating

- □ **signage** 名 看板、標識
- □ **estimate** 名 見積もり
- □ **cost** 名 費用
- □ **damaged** 形 破損した
- □ **storefront** 名 店頭
- □ **sign** 名 看板

108. Hobson Signage sent Mr. Bartlett an estimate for the cost of <u>replacing</u> his damaged storefront sign.

Hobson Signage は、破損した店頭の看板を交換する費用の見積もりを Bartlett さんに送った。

正解 (A) replacing　動詞

ポイント **replace は「交換する」**

空欄後の his damaged storefront sign（破損した店頭の看板）を目的語として取る語として、(A) replacing（交換する）が適切。「費用の見積もりを送った」という文意にも合う。

(B) developing（原形 develop）は、「開発する」。

Caftan Cosmetics has begun developing a new skincare product.

Caftan 化粧品は、新しいスキンケア製品の開発を始めた。

(C) identifying（原形 identify）は、「特定する、識別する、明らかにする」。

Ms. Cooper is an expert in identifying butterfly species.

Cooper さんは、蝶の種を特定することの専門家である。

(D) communicating（原形 communicate）は、「伝える、やりとりする」。

The professor had difficulty communicating the theory to his students.

その教授は、理論を学生に伝えるのに苦労した。

109. Scion Architecture designs buildings that are modern in appearance ------- highly functional.

(A) as well as
(B) in addition
(C) so that
(D) as though

□ **architecture** 名 建築
□ **design** 動 設計する
□ **modern** 形 近代的な
□ **in appearance** 外観は
□ **highly** 副 非常に、高く
□ **functional** 形 機能的な

109. Scion Architecture designs buildings that are modern in appearance <u>as well as</u> highly functional.

Scion Architectureは、非常に機能的であるだけではなく、外観も近代的な建物を設計する。

正解 (A) as well as　熟語

ポイント **A as well as Bで「BだけではなくAも」**

空欄前のmodern in appearance（外観が近代的な）と空欄後のhighly functional（非常に機能的な）をつなぐには、(A) as well asが適切。

(B) in additionは、「さらに」。in addition to 〜で「〜に加えて」。

The truck had a safety inspection in addition to the emissions test.

そのトラックは、排気テストに加えて安全検査も受けた。

(C) so thatは、「〜できるように」。

I sent Jake a photo so that he could see the prototype.

私は、Jakeが試作品を見ることができるように、写真を送った。

(D) as thoughは、「〜のように、まるで〜であるかのように」。

Ms. Clarke looked as though she had been walking in the rain.

Clarkeさんは、まるで雨の中を歩いていたかのように見えた。

110. If the sound equipment is not fixed ------- the end of the day, we will postpone tomorrow's workshop.

(A) along
(B) within
(C) before
(D) against

110. If the sound equipment is not fixed <u>before</u> the end of the day, we will postpone tomorrow's workshop.

もし音響機器が今日中に修理されていなければ、明日の研修会を延期する。

正解 (C) before 前置詞

ポイント **before**は「〜の前に」

If the sound equipment is not fixed ------- the end of the day, we will postpone tomorrow's workshop. (もし音響機器が一日の終わり〜修理されていなければ、明日の研修会を延期する) という文意に合うのは、(C) before (〜の前に)。before the end of the dayで「一日の終わりの前に＝今日中に」。beforeは、接続詞にもなる。

(A) alongは、「〜に沿って」。

A noise barrier was built along the train tracks.
防音壁が線路に沿って建設された。

(B) withinは、「〜以内に」。

The paving will be completed within a week.
舗装は、1週間以内に完了する。

(D) againstは、「〜に対して、〜に違反して」。

Talking on the phone while driving is against the law in Japan.
運転中に電話で話すことは、日本の法律に違反している。

111. Make sure to compare the skills and -------
on your résumé with those outlined in the
job description.

(A) qualifications
(B) interviews
(C) directions
(D) opinions

□ **make sure to ～** 必ず～する
□ **compare** 動 比べる
□ **résumé** 名 履歴書
□ **outline** 動 概要を記述する、述べる
□ **job description** 職務記述書

111. Make sure to compare the skills and
<u>qualifications</u> on your résumé with those
outlined in the job description.

あなたの履歴書上の技能と資格を、職務記述書に記載されて
いるものと必ず比べてください。

正解 (A) qualifications　名詞

ポイント **qualification**は「資格」

Make sure to compare the skills and ------- on your ré-
sumé with those outlined in the job description. (あなた
の履歴書上の技能と～を、職務記述書に記載されているものと必ず比べ
てください) に合うのは、(A) qualifications (資格)。

(B) interviews (原形interview) は、「面接、インタビュー」。動
詞では「面接する」。

Job candidates will undergo a series of interviews
with company recruiters.

求職者は、会社の採用担当者との一連の面接を受ける。

(C) directions (原形direction) は、「指示、道案内」。

I enclosed a map with detailed directions to the
venue.

会場までの詳細な道案内が付いた地図を同封しました。

(D) opinions (原形opinion) は、「意見」。

We will ask the staff for their opinions on our
marketing strategy.

マーケティング戦略について、スタッフに意見を求める予定である。

112. The presenter emphasized the need for ------- funding to protect mangrove ecosystems.

(A) persuasive
(B) predictable
(C) competent
(D) adequate

□ **presenter** 名 講演者、発表者
□ **emphasize** 動 強調する
□ **funding** 名 資金
□ **protect** 動 保護する
□ **mangrove** 名 マングローブ
□ **ecosystem** 名 生態系

112. The presenter emphasized the need for <u>adequate</u> funding to protect mangrove ecosystems.

講演者は、マングローブの生態系を保護するための十分な資金の必要性を強調した。

正解 (D) adequate 形容詞

ポイント adequate は「十分な」

空欄後の名詞 funding（資金）を修飾する語として、(D) adequate（十分な）が適切。adequate funding で「十分な資金」。

(A) persuasive は、動詞 persuade（説得する）の形容詞形で「説得力のある」。

A persuasive salesperson knows how to change people's perspectives.

説得力のある営業担当者は、人々の視点を変える方法を知っている。

(B) predictable は、動詞 predict（予測する）の形容詞形で「予測可能な、ありきたりな」。

Even though its plot is predictable, the movie is quite entertaining.

その映画は、筋はありきたりだが、かなり面白い。

(C) competent は、動詞 compete（競争する）の形容詞形で「能力のある、有能な」。

It takes many years for a lawyer to become highly competent.

弁護士が非常に有能になるには、何年もかかる。

113. Ms. Reisinger pointed out that the budget simply did not ------- the proposed renovations.

(A) use up
(B) believe in
(C) look into
(D) allow for

□ **point out** 指摘する
□ **budget** 名 予算
□ **simply** 副 とても、まったく
□ **proposed** 形 提案された
□ **renovation** 名 改装

113. Ms. Reisinger pointed out that the budget simply did not <u>allow for</u> the proposed renovations.

Reisingerさんは、この予算では提案された改装をとてもできないと指摘した。

正解 (D) allow for　熟語

ポイント allow for 〜で「〜を可能にする」

「この予算は提案された改装を〜しない」という文意に合うのは、(D) allow for (可能にする)。the budget simply did not allow for the proposed renovations で「この予算は提案された改装をまったく可能にしない＝この予算では提案された改装をとてもできない」。

(A) use up は、「〜を使い果たす」。

If the screen brightness is any higher, you will use up battery power more quickly.

画面の輝度がより高く設定されていると、バッテリーの電力を早く使い果たす。

(B) believe in は、「〜を信じる」。

We firmly believe in the capabilities of our employees.

我々は、従業員の能力を強く信じている。

(C) look into は、「〜を調査する、検討する」。

Mr. Moore promised that he would look into the issue.

Mooreさんは、その件を調査すると約束した。

114. If you do not like my choice of wallpaper, please look through the catalog and choose an -------.

(A) exchange
(B) occasion
(C) alternative
(D) opportunity

□ **choice** 名 選択、選んだもの
□ **wallpaper** 名 壁紙
□ **look through** 〜 〜に目を通す
□ **choose** 動 選ぶ（過去形はchose、過去分詞は chosen）

114. If you do not like my choice of wallpaper, please look through the catalog and choose an <u>alternative</u>.

もし私の選んだ壁紙が気に入らなければ、カタログに目を通して、代わりの物を選んでください。

正解　(C) alternative　名詞

ポイント　alternativeは「代わりの物」

「もし私の選んだ壁紙が気に入らなければ、カタログに目を通して、〜を選んでください」という文意に合うのは、(C) alternative（代わりの物）。

(A) exchange は、「交換」。in exchange for 〜で「〜と交換に、〜の見返りに」。

The backpackers were given accommodation in exchange for picking fruit in the orchard.

バックパッカーたちは、果樹園で果物を採ることの見返りに、宿泊場所を与えられた。

(B) occasion は、「出来事、機会、場合」。

Our gift cards are perfect for any occasion.

私たちのギフトカードは、どのような場合にもよく合います。

(D) opportunity は、「機会」。

The position offers the opportunity for career advancement.

その職には、昇進の機会がある。

115. ------- the filing cabinet had been damaged during delivery, Mr. Sutton asked for a replacement.

(A) Instead
(B) Since
(C) Whether
(D) However

- □ **filing cabinet** ファイリングキャビネット、書類整理棚
- □ **damage** 動 破損する
- □ **delivery** 名 配送
- □ **ask for ～** ～を求める
- □ **replacement** 名 交換品、交換

115. <u>Since</u> the filing cabinet had been damaged during delivery, Mr. Sutton asked for a replacement.

ファイリングキャビネットは配送中に破損したので、Sutton さんは交換品を求めた。

正解 (B) Since 混合

ポイント **Sinceは「〜なので」**

前半の the filing cabinet had been damaged during delivery（ファイリングキャビネットは配送中に破損した）と後半のMr. Sutton asked for a replacement.（Sutton さんは交換品を求めた）の関係を考えると、接続詞の (B) Since（〜なので）が適切。

(A) Instead は、副詞で「代わりに」。

The sales team is using Room 108, so we are meeting in Room 107 instead.

営業チームが108号室を使っているので、私たちは代わりに107号室で会合を持つ。

(C) Whether は、接続詞で「〜かどうか」、whether 〜 or not で「〜であろうとなかろうと」。

Whether Beth likes it or not, Greg will come to the party.

Beth がそれを好むかどうかに関わらず、Greg はパーティーに来るだろう。

(D) However は、副詞で「しかし、どんなに〜でも」。

However long it takes, we are determined to complete the project.

どんなに時間がかかろうとも、我々はそのプロジェクトを終わらせる決意をしている。

116. The Chicago-based company Pabco
Electric ------- long-lasting batteries for
electric vehicles.

(A) supplies
(B) enters
(C) spreads
(D) assures

□ **Chicago-based** 形 Chicagoを拠点とする
□ **long-lasting** 形 長持ちする、長寿命の
□ **battery** 名 電池、バッテリー
□ **electric vehicle** 電気自動車

116. The Chicago-based company Pabco
Electric <u>supplies</u> long-lasting batteries for
electric vehicles.

> Chicago を拠点とする会社の Pabco Electric は、電気自動車
> 用の長寿命バッテリーを供給する。

正解 (A) supplies 動詞

ポイント **supply は「供給する」**

The Chicago-based company Pabco Electric -------
long-lasting batteries for electric vehicles. (Chicago を拠点
とする会社の Pabco Electric は、電気自動車用の長寿命バッテリーを〜)
に合うのは、(A) supplies (供給する)。

(B) enters (原形 enter) は、「入る、入力する」。
　　Natural light enters the room from the windows.
　　自然光が窓から部屋に入る。

(C) spreads (原形 spread) は、「広げる、広める」。過去形・
　　過去分詞も同形の spread。
　　Social media spreads information very rapidly.
　　ソーシャルメディアは、情報を非常に急速に広める。

(D) assures (原形 assure) は、「〜であると断言する、保証す
　　る」。
　　The guide always assures visitors that they will
　　be safe while on safari.
　　ガイドは来訪者に、サファリツアーの間、安全であることを常に断
　　言する。

117. As stated in our advertisement, the kit comes with ------- needed to build your own robot.

(A) whatever
(B) most
(C) this
(D) everything

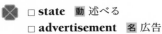

□ **state** 動 述べる
□ **advertisement** 名 広告
□ **come with** ～ ～が付いている
□ **build** 動 組み立てる（過去形・過去分詞はbuilt）

117. As stated in our advertisement, the kit comes with <u>everything</u> needed to build your own robot.

広告で述べられているように、このキットにはあなた自身のロボットを組み立てるのに必要な物すべてが付いています。

正解 (D) everything 混合

> **ポイント** **everything needed to ～で「～するのに必要な物すべて」**

代名詞の(D) everything(すべて)を使うと、everything needed to ～（～するのに必要とされるすべて＝～するのに必要な物すべて）となり、文が成り立つ。everything needed は、everything that is needed の省略形。(A) whatever (何でも) は、anything that で置き換えられるので、whatever is needed であれば可。

(A) whateverは、関係代名詞で「何でも」。

The kit comes with whatever is needed to build your own robot.

このキットには、あなた自身のロボットを組み立てるのに必要な物は何でも付いています。

(B) mostは、形容詞で「ほとんどの、最も多くの」、副詞で「最も、とても」、名詞で「ほとんど、大部分」。

Most of our latest models are sold out.

我々の最新モデルのほとんどは、売り切れている。

(C) thisは、形容詞で「この」、代名詞で「これ」。

We have this sweater in a smaller size.

このセーターの小さいサイズがあります。

118. Dr. Bradshaw had planned to return from Anchorage today, but ------- his flight was canceled.

(A) unfortunately
(B) relatively
(C) severely
(D) approximately

□ **plan to ～**　～する予定である
□ **return**　動 戻る
□ **cancel**　動 キャンセルする

118. Dr. Bradshaw had planned to return from Anchorage today, but <u>unfortunately</u> his flight was canceled.

Bradshaw博士は、今日Anchorageから戻る予定だったが、残念ながら彼の便はキャンセルされた。

正解 (A) unfortunately　副詞

ポイント　**unfortunatelyは「残念ながら」**

Dr. Bradshaw had planned to return from Anchorage today, but ------- his flight was canceled. (Bradshaw博士は今日Anchorageから戻る予定だったが、〜彼の便はキャンセルされた) に合うのは、(A) unfortunately (残念ながら)。

(B) relatively は、「比較的」。

The table is relatively light, so it can be moved easily.

そのテーブルは比較的軽いため、簡単に動かせる。

(C) severely は、「厳しく、ひどく」。

The fragile item was severely damaged during shipping.

壊れやすい品物が輸送中にひどく損傷した。

(D) approximately は、「約、おおよそ」。

Your package should arrive in approximately five business days.

お客様の荷物は、約5営業日で届くはずです。

119. Having worked at Albert Enterprises for 19 years, Mr. Dillan is more ------- than our other employees.

(A) operational
(B) abundant
(C) durable
(D) experienced

□ **enterprise** 名 事業
□ **employee** 名 従業員

119. Having worked at Albert Enterprises for 19 years, Mr. Dillan is more <u>experienced</u> than our other employees.

19年間 Albert Enterprises で働いているので、Dillan さんは他の従業員より経験豊富である。

正解 (D) experienced　形容詞

ポイント　experiencedは「経験豊富な」

Having worked at Albert Enterprises for 19 years, Mr. Dillan is more ------- than our other employees. (19年間 Albert Enterprises で働いているので、Dillan さんは他の従業員より〜である) に合うのは、(D) experienced (経験豊富な)。

(A) operationalは、「使用可能な」。

Major airlines will use the terminal when it becomes operational.

使用可能になったら、主要航空会社がそのターミナルを利用する。

(B) abundantは、「豊富な」。

Many parts of Latin America have abundant natural resources.

ラテンアメリカの多くの地域には、豊富な天然資源がある。

(C) durableは、「耐久性のある」。

These knives and forks are made of a durable stainless steel.

これらのナイフやフォークは、耐久性のあるステンレス鋼でできている。

120. At least five staff members were late for work today ------- the road construction.

(A) because of
(B) just as
(C) for example
(D) as a result

□ **at least**　少なくとも、最低でも
□ **staff member**　職員
□ **be late for work**　仕事に遅れる
□ **construction**　名 建設
□ **road construction**　道路工事

> **120.** At least five staff members were late
> for work today <u>because of</u> the road
> construction.
>
> 道路工事のため、少なくとも5人の職員が今日仕事に遅れた。

正解 (A) because of 熟語

ポイント **because of ～は「～のため」**

空欄後の the road construction (道路工事) がAt least five
staff members were late for work today (少なくとも5人の職
員が今日仕事に遅れた) の原因になっているので、原因を示す
(A) because of (～のため) が正解。(D) as a result (結果とし
て) は、ofを加えてas a result ofとする必要がある。

(B) just asは、「～と同じように」。
This generic drug is just as effective as the brand-
name medication.
このジェネリック医薬品は、有名ブランドの薬品と同等の効き目が
ある。

(C) for exampleは、「例えば」。
Businesses can reduce spending by, for example,
reusing paper.
会社は、例えば紙を再利用することにより、支出を削減できる。

(D) as a resultは、「結果として」。as a result of ～で「～の
結果として、～のため」。
A number of flights were delayed as a result of
ice on the runway.
滑走路上の氷のために、多くの便が遅れた。

121. With so many smartphone models available, customers have difficulty figuring out ------- to buy.

(A) whenever
(B) which
(C) that
(D) than

□ **model** 名 機種
　□ **available** 形 販売されている、利用可能な
　□ **customer** 名 客
　□ **have difficulty -ing** 〜するのに苦労する
　□ **figure out** 答えを出す

121. With so many smartphone models available, customers have difficulty figuring out <u>which</u> to buy.

とても多くのスマートフォンの機種が販売されているので、客はどれを買うか答えを出すのに苦労する。

正解 (B) which　混合

ポイント which to buy で「どれを買うか」

疑問詞の後ろに to 不定詞を続ける用法がある。(B) which を使うと which to buy で「どれを買うか」となり、空欄前の figuring out (答えを出す) の目的語として上手く機能する。

(A) whenever は、接続詞で「〜の時はいつも」。

We buy vegetables from local farmers whenever possible.

我々は、可能な時はいつも地元の農家から野菜を買う。

(C) that は、代名詞で「あれ」、形容詞で「あの」、接続詞で「〜ということ」。また、関係代名詞として、人と物のどちらも先行詞として取れる。

I agree that the instructions are confusing.

私は、指示が分かりにくいということに同意します。

(D) than は、接続詞で「〜より」。

Our salaries are higher than those of our competitors.

我々の給与は、ライバル会社のよりも高い。

122. Sales of ski gear remained steady throughout the winter ------- the above average temperatures in December.

(A) although
(B) even
(C) despite
(D) indeed

□ **gear** 名 用具
□ **remain** 動 ～のままである
□ **steady** 形 安定した
□ **throughout** 前 ～の間中
□ **above average** 平均以上の
□ **temperature** 名 気温

122. Sales of ski gear remained steady throughout the winter <u>despite</u> the above average temperatures in December.

12月の平均以上の気温にもかかわらず、スキー用品の売り上げは冬の間中、安定していた。

正解 (C) despite　混合

ポイント **despiteの後ろは名詞**

気温が高いとスキー用品の売り上げは落ちることが予想されるが、ここではremained steady（安定していた）ということなので、前置詞の(C) despite（〜にもかかわらず）が適切。(A) althoughも同様の意味を持つが、接続詞なので、後ろに節（主語＋動詞）が必要。

(A) althoughは、接続詞で「〜だけれども」。

We like our new office, although we sometimes miss having a view.

私たちは、時々、眺めがないことを寂しく思うこともあるが、新しい事務所を気に入っている。

(B) evenは、副詞で「〜さえ」、形容詞で「平らな、均一な」。

Angela enjoyed the parade, even after it started to rain.

Angelaは、雨が降り始めた後でさえ、パレードを楽しんだ。

(D) indeedは、副詞で「実に、本当に、確かに」

The doctor confirmed that Chris does indeed have the flu.

医師は、Chrisが本当にインフルエンザにかかっていることを確認した。

123. Customer service representatives at Redox Systems ------- return calls within 24 hours.

(A) nearly
(B) typically
(C) annually
(D) exactly

□ **representative** 名 担当者
□ **return** 動 返す、折り返す
□ **within** 前 ～以内に

123. Customer service representatives at Redox Systems <u>typically</u> return calls within 24 hours.

Redox Systems のカスタマーサービス担当者は、通常24時間以内に電話を返す。

正解 (B) typically 副詞

ポイント **typicallyは「通常」**

Customer service representatives at Redox Systems ------- return calls within 24 hours. (Redox Systems のカスタマーサービス担当者は、〜24時間以内に電話を返す) には、(B) typically (通常) が合う。

(A) nearly は、「ほぼ、〜近く」。

Mr. Paisley has nearly finished checking the report.

Paisley さんは、報告書の確認をほぼ終えている。

(C) annually は、「毎年」。

The theme park is expected to draw a million visitors annually.

そのテーマパークは、毎年100万人の訪問者を集めると予想されている。

(D) exactly は、「正確に、完全に」。

The new version of the software has exactly the same functions as before.

そのソフトウェアの新バージョンは、以前のものとまったく同じ機能を持っている。

124. ------- removing the extra chairs in the conference room, Mr. Robinson stacked them in a corner.

(A) Regarding
(B) Rather than
(C) In summary
(D) Even though

□ **remove** 動 運び出す
□ **extra** 形 余分な
□ **conference** 名 会議
□ **stack** 動 積み重ねる
□ **corner** 名 隅

124. <u>Rather than</u> removing the extra chairs in the conference room, Mr. Robinson stacked them in a corner.

Robinsonさんは、会議室の余分な椅子を運び出すのではなく、隅に積み重ねた。

正解 (B) Rather than　混合

ポイント　rather than ～ は「～ではなく」

前半の removing the extra chairs in the conference room (会議室の余分な椅子を運び出す) と後半の Mr. Robinson stacked them in a corner (Robinsonさんはそれらを隅に積み重ねた) をつなぐには、(B) Rather than (～ではなく) が適切。

(A) Regarding は、前置詞で「～に関して」。

Regarding our line of moisturizing creams, sales are up.

保湿クリームの製品ラインに関しては、売り上げが伸びている。

(C) In summary は、「要約すると、まとめると」。

In summary, these landscaping techniques save soil from erosion.

まとめると、これらの造園技術は土壌を侵食から守る。

(D) Even though は、「～だけれども」。

Even though Mr. Atwell was absent, the meeting proceeded as planned.

Atwellさんは欠席したが、会議は予定通りに進行した。

125. Flash photography is ------- prohibited in the Montero Art Gallery.

(A) variously
(B) enormously
(C) strictly
(D) roughly

 □ **flash photography** フラッシュ撮影
□ **prohibit** 動 禁じる

125. Flash photography is <u>strictly</u> prohibited in the Montero Art Gallery.

Montero Art Gallery では、フラッシュ撮影は固く禁じられている。

正解 (C) strictly　副詞

ポイント **strictly prohibited で「固く禁じられている」**

空欄には、後ろの prohibited（禁じられている）を修飾する語が入るので、(C) strictly（厳しく）が正解。strictly prohibited で「厳しく禁じられている＝固く禁じられている」。

(A) variously は、形容詞 various（さまざまな）の副詞形で、「さまざまに」。

Many English words are variously pronounced in different regions.

多くの英単語は、異なる地域でさまざまに発音されている。

(B) enormously は、形容詞 enormous（巨大な、ものすごい）の副詞形で、「巨大に、非常に」。

The company suffered enormously during the recession.

その会社は不況の間、非常に苦しんだ。

(D) roughly は、形容詞 rough（おおよその、手荒な）の副詞形で、「おおよそ、約、手荒く」。

Roughly half of our employees are men.

当社の従業員の約半分は、男性である。

126. Half the applicants possess at least two years of experience that is ------- to the position.

(A) eventual
(B) constant
(C) relevant
(D) defective

□ **applicant** 名 応募者
□ **possess** 動 持つ
□ **at least** 少なくとも、最低でも
□ **experience** 名 経験
□ **position** 名 職

126. Half the applicants possess at least two years of experience that is <u>relevant</u> to the position.

応募者の半数は、その職に関連のある最低2年間の経験を持っている。

正解 (C) relevant　形容詞

ポイント **relevant to ～で「～に関連のある」**

relevant to ～で「～に関連のある」なので、(C) relevant（関連のある）を使うと、experience that is relevant to the position で「その職に関連のある経験」となる。

(A) eventual は、「やがて起きる、最終的な」。

The eventual cost was much higher than the preliminary estimate.

最終的な費用は、仮見積もりよりも大分高額だった。

(B) constant は、「絶えず続く、定期的な、不変の」。

Yorkville Bank is under constant video surveillance.

Yorkville 銀行は、絶えず映像監視下にある。

(D) defective は、「欠陥のある」。

If your tablet is defective, we will provide a replacement.

あなたのタブレットに欠陥があれば、交換品を提供します。

127. A ------- of measures will be implemented across the organization to bolster employee performance.

(A) proof
(B) series
(C) knowledge
(D) requirement

□ **measure** 名 対策
□ **implement** 動 実施する
□ **across** 前 ～全体で
□ **organization** 名 組織
□ **bolster** 動 強化する
□ **employee performance** 従業員の能力

127. A <u>series</u> of measures will be implemented <u>across</u> the organization to bolster employee performance.

従業員の能力を強化するため、一連の対策が組織全体で実施される。

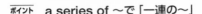

正解 (B) series　名詞

ポイント　a series of 〜で「一連の〜」

(B) series（連続、一連）を使うと、A series of measuresで「一連の対策」となり、「従業員の能力を強化するため、〜の対策が組織全体で実施される」という文意に合う。seriesは、単数形と複数形が同じ形（この文では、a seriesなので単数）。

(A) proofは、「証明」。

The security guard asked for proof of identification at the entrance.

警備員は、入口で身分証明を求めた。

(C) knowledgeは、「知識、知っていること」。

The supervisor said he had no knowledge of any customer complaints.

監督者は、顧客からの苦情について何も知らなかったと述べた。

(D) requirementは、「必須事項、必要条件、求められていること」。

One requirement of the course is filming a short documentary.

そのコースの条件の1つは、短いドキュメンタリーを撮影することです。

128. Elance Telecom has been ------- a prize for its contribution to a beach cleanup last year.

(A) won
(B) awarded
(C) taken
(D) acquired

□ **prize** 名 賞
□ **contribution** 名 貢献
□ **cleanup** 名 清掃

128. Elance Telecom has been <u>awarded</u> a prize for its contribution to a beach cleanup last year.

Elance Telecomは、昨年のビーチ清掃への貢献に対して賞が与えられた。

正解 (B) awarded　動詞

ポイント **award**は「(賞を) 与える」

空欄前後がElance Telecom has been ------- a prizeなので、(B) awardedを使い、「賞が与えられた」という受動態にする。awardは、2つ目的語を取ることが可能で、award A B で「AにBを与える」。ここでは、Aに当たるElance Telecom が主語になり、受動態になっている。(A) wonは、能動態であれば可 (Elance Telecom has won a prize for...)。

(A) won は、動詞 win (勝つ、獲得する) の過去形・過去分詞。

Quinten Harris has won a prize for his innovative design.

Quinten Harrisは、革新的なデザインで賞を取った。

(C) taken は、動詞take (取る) の過去分詞。過去形はtook。

Banks have taken measures to protect customers' information.

銀行は、顧客情報を守るための策を講じた。

(D) acquired は、動詞 acquire (得る、購入する、買収する) の過去形・過去分詞

Argo Manufacturing has acquired a new production facility.

Argo Manufacturingは、新しい生産施設を得た。

129. Because tickets for the musical have ------- sold out, the theater will add eight more performances.

(A) rather
(B) most
(C) already
(D) carefully

 □ **sell out**　売り切れる（sellの過去形・過去分詞は sold）
□ **theater**　名 劇場
□ **add**　動 追加する
□ **performance**　名 公演

129. Because tickets for the musical have <u>already</u> sold out, the theater will add eight more performances.

ミュージカルのチケットはすでに売り切れたので、劇場はさらに8回の公演を追加する。

正解 (C) already 副詞

ポイント **already は「すでに」**

Because tickets for the musical have ------- sold out（ミュージカルのチケットは～売り切れたので）には、(C) already（すでに）が合う。

(A) rather は、「かなり、やや、むしろ」。

This year, growth in the tourism sector has been rather slow.

今年、観光部門の成長は、やや鈍化している。

(B) most は、「最も、とても」。形容詞では「ほとんどの、最も多くの」、名詞では「ほとんど、大部分」。

The Hanover Times is the most reliable source of local news.

The Hanover Times は、最も信頼できる地元ニュースの情報源である。

(D) carefully は、「慎重に」。

Editors should proofread all articles carefully before publication.

編集者たちは、出版前にすべての記事を慎重に校正するべきである。

130. Everyone in the office gets along well, but Ms. O'Hara's opinions often differ from those of her -------.

(A) professions
(B) generations
(C) combinations
(D) colleagues

□ **get along well**　良い関係にある
□ **opinion**　名 意見
□ **differ from ～**　～と異なる

130. Everyone in the office gets along well, but Ms. O'Hara's opinions often differ from those of her <u>colleagues</u>.

オフィスでは、皆良い関係にあるが、O'Haraさんの意見は、彼女の同僚の意見と頻繁に異なる。

正解 (D) colleagues　名詞

ポイント **colleague**は「同僚」

differ from those of her ------- の those は、前出の opinions を受けるので、「彼女の〜の意見と異なる」となる。職場の人間関係に関する文意に合うのは、(D) colleagues (同僚)。

(A) professions (原形 profession) は、「職業」。

Certain professions are more stressful than others.

特定の職業は、他のものよりもストレスが多い。

(B) generations (原形 generation) は、「世代」。

Bunny's Bakery has been handed down through six generations.

Bunny's Bakery は、6世代に渡り受け継がれている。

(C) combinations (原形 combination) は、「組み合わせ」。

Pete found it difficult to choose color combinations for his Web site.

Pete は、彼のウェブサイトの色の組み合わせを選択するのが難しいと感じた。

131. The van must remain in the garage ------- someone is using it to make a delivery.

(A) rather
(B) which
(C) unless
(D) except

❎ □ **remain** 動 とどまる
□ **garage** 名 車庫
□ **delivery** 名 配達
□ **make a delivery** 配達する

131. The van must remain in the garage <u>unless</u> someone is using it to make a delivery.

そのバンは、誰かが配達するのに使っていない限り、車庫に置かなければならない。

正解 (C) unless 混合

ポイント **unless は「〜でない限り」**

前半の The van must remain in the garage（そのバンは、車庫に置かなければならない）と後半の someone is using it to make a delivery（誰かがそれを配達するのに使っている）をつなぐには、接続詞の (C) unless（〜でない限り）が適切。

(A) rather は、副詞で「むしろ、やや、かなり」。

Let's decide now rather than wait until later.

後まで待つよりは、むしろ今決めましょう。

(B) which は、物を受ける関係代名詞、または疑問詞で「どちらの」。

We received the electric bill, which is due on August 4.

我々は、8月4日が支払期限の電気料金請求書を受け取った。

(D) except は、接続詞で「〜を除いて、〜以外は」、前置詞で「〜以外、〜を除いて」、動詞で「除外する」。

The office is open daily from 9 A.M. to 6 P.M. except on Sundays.

事務所は、日曜日を除き、毎日午前9時から午後6時まで営業している。

132. This month's issue of *Wheely Magazine*
------- a number of articles on 19th-century
bicycles.

(A) applies
(B) senses
(C) marks
(D) features

□ **issue** 名 号
□ **a number of** 〜　多数の〜
□ **article** 名 記事

> **132.** This month's issue of *Wheely Magazine* <u>features</u> a number of articles on 19th-century bicycles.
>
> 今月号の Wheely Magazine は、19世紀の自転車に関する記事を多数掲載している。

正解 (D) features 動詞

ポイント **feature は「掲載する」**

This month's issue of *Wheely Magazine* ------- a number of articles（今月号の Wheely Magazine は、記事を多数〜）には、(D) features（掲載する）が合う。動詞 feature には「特集する、呼び物にする、出演させる」などの意味もある。また、名詞では「機能、特徴」。

(A) applies（原形 apply）は、「適用する」。apply to 〜で「〜に適用する」、apply for 〜で「〜に応募する」。
A service charge applies to room service orders.
ルームサービスの注文には、サービス料がかかる。

(B) senses（原形 sense）は、「感じる」。
The public relations manager senses that the situation has improved.
広報部長は、状況が改善したと感じている。

(C) marks（原形 mark）は、「示す、印を付ける、記念する」。
Sunday marks the beginning of a new football season.
日曜日は、新しいフットボールシーズンの始まりとなる。

133. After numerous applicants were interviewed, two candidates stood out as the most ------- for the job.

(A) qualified
(B) designed
(C) reserved
(D) secure

□ **numerous** 形 多数の
□ **applicant** 名 応募者
□ **interview** 動 面接する
□ **candidate** 名 候補者
□ **stand out** 際立つ、傑出する（standの過去形・過去分詞はstood）

133. After numerous applicants were interviewed, two candidates stood out as the most <u>qualified</u> for the job.

多数の応募者が面接を受けた後、2人の候補者がその職に最も適任として際立っていた。

ポイント **qualifiedは「適任の」**

After numerous applicants were interviewed, two candidates stood out as the most ------- for the job. (多数の応募者が面接を受けた後、2人の候補者がその職に最も〜として際立っていた) という文意に合うのは、(A) qualified (適任の)。

(B) designedは、動詞 design (設計する、デザインする) の過去形・過去分詞。

These windows were designed to block direct sunlight.

これらの窓は、直射日光を遮断するように設計されている。

(C) reservedは、動詞 reserve (予約する、留保する) の過去形・過去分詞、または形容詞で「(性格が) 控えめな」。

All seats in the front row are reserved for VIP guests.

最前列の座席は、すべて VIP ゲスト用に予約されている。

(D) secure は、形容詞で「安全な」。

Sarah keeps her valuables in a secure place at home.

Sarah は、貴重品を自宅の安全な場所に保管している。

134. Please read these guidelines carefully ------- submitting an entry into this competition.

(A) prior to
(B) apart from
(C) owing to
(D) inside of

□ **guideline** 名 ガイドライン
□ **carefully** 副 注意深く
□ **submit** 動 提出する
□ **entry** 名 (コンテストへの) 参加作品
□ **competition** 名 コンテスト

134. Please read these guidelines carefully
<u>prior to</u> submitting an entry into this
competition.

コンテストへ参加作品を提出する前に、これらのガイドライ
ンを注意深く読んでください。

ポイント **prior to** 〜は「〜の前に」

空欄前の Please read these guidelines carefully（これらの
ガイドラインを注意深く読んでください）と空欄後の submitting
an entry into this competition（このコンテストへ参加作品を提
出する）をつなぐには、(A) prior to（〜の前に）が適切。

(B) apart from は、「〜は別として、〜以外は」。

Phil didn't know anyone at the party apart from
Tammy.

Phil は、パーティーでTammy以外は誰も知らなかった。

(C) owing to は、「〜のため、〜のおかげで」。

Fishing companies are busy owing to the high
demand for seafood.

水産会社は、シーフードへの高い需要のために忙しい。

(D) inside of は、「〜の内側に、〜以内に」。

Lazzaro's will deliver your pizza inside of an hour.

Lazzaro's は、ピザを1時間以内にお届けします。

135. Customers can get great deals on airfare ------- they buy their tickets well in advance of the flight.

(A) as long as
(B) as though
(C) so that
(D) so far

□ **customer** 名 顧客
□ **get great deals** とても得な買い物をする
□ **airfare** 名 航空運賃
□ **well in advance** かなり前に、十分前もって
□ **flight** 名 フライト、航空便

135. Customers can get great deals on airfare <u>as long as</u> they buy their tickets well in advance of the flight.

顧客は、フライトのかなり前に航空券を買えば、航空運賃を大分安くできる。

正解　(A) as long as　熟語

<u>ポイント</u>　**as long as** 〜は「〜すれば」

前半のCustomers can get great deals on airfare（顧客は航空運賃を大分安くできる）と後半のthey buy their tickets well in advance of the flight（フライトのかなり前に航空券を買う）の関係を考えると、(A) as long as（〜すれば、〜である限りは）が適切。

(B) as thoughは、「〜のように、まるで〜であるかのように」。

Ms. Carlson appears as though she is in a hurry.
Carlsonさんは、急いでいるように見える。

(C) so thatは、「〜できるように」。

Please set an alarm so that you wake up on time.
時間通りに目が覚めるようにアラームを設定してください。

(D) so farは、「これまでのところ」。

The band's best album so far is *Zigzag Jazz*.
そのバンドのこれまでで一番良いアルバムは、Zigzag Jazzである。

136. Dr. Kerr from the Jasper Research Institute called to ask ------- responsibility it is to review grant applications.

(A) our
(B) us
(C) whose
(D) those

□ **research institute**　研究所
□ **responsibility**　名 責務、責任
□ **review**　動 審査する
□ **grant**　名 補助金、助成金
□ **application**　名 申請書

136. Dr. Kerr from the Jasper Research Institute
called to ask <u>whose</u> responsibility it is to
review grant applications.

Jasper研究所のKerr博士は、補助金申請書を審査することが
誰の責務であるか尋ねるために電話をした。

正解 **(C) whose** 混合

ポイント **whoseは「誰の」**

疑問詞の(C) whose (誰の) を使い、whose responsibility it
is (それが誰の責務なのか) とすると空欄前のask (尋ねる) と上手
くつながる。このitは仮主語で、具体的な内容は後ろのto不
定詞 (to review grant applications) で示される。

(A) our は、人称代名詞で「私たちの」。

For more details, please visit our Web site.

更なる詳細は、弊社ウェブサイトをご覧ください。

(B) us は、人称代名詞で「私たちを、私たちに」。

Please call us if you have any questions.

質問がありましたら、私どもにお電話ください。

(D) those は、代名詞で「それら、あれら」、形容詞で「それ
らの、あれらの」。those who ～で「～の人々」 (those
people who ～の意)。

The meeting will be live-streamed for those who
are unable to attend.

その会議は、出席できない人のために、ライブ配信される。

137. ------- your escalator needs repair, we advise that you contact a certified technician.

(A) If
(B) So
(C) Upon
(D) With

□ **escalator** 名 エスカレーター
□ **repair** 名 修理
□ **advise** 動 勧める
□ **contact** 動 連絡する
□ **certified** 形 有資格の、認定された
□ **technician** 名 技術者

137. If your escalator needs repair, we advise that you contact a certified technician.

もしエスカレーターが修理を必要とするなら、有資格の技術者に連絡することをお勧めします。

正解 (A) If　混合

ポイント ifは「もし〜なら」

接続詞の (A) If を使うと、前半が If your escalator needs repair（もしエスカレーターが修理を必要とするなら）となり、後半の we advise that you contact a certified technician（有資格の技術者に連絡することをお勧めします）と上手くつながる。

(B) So は、副詞で「とても、そのように」、接続詞で「〜なので、それで」。so that 〜 で「〜できるように」。

So that he would arrive on time for his flight, Gary woke up quite early.

Gary は、フライトに間に合うように、かなり早く起きた。

(C) Upon は、前置詞で「〜の上に、〜に際して、〜し次第」。

Upon receiving the award, Ms. Watts delivered a lengthy speech.

受賞に際し、Watts さんは長いスピーチを行った。

(D) With は、前置詞で「〜と共に、〜により」。

With a stronger economy, living standards have improved.

より強い経済によって、生活水準が向上した。

138. More than 400 people have ------- purchased the defective dryer in the last week.

(A) urgently
(B) reportedly
(C) extremely
(D) suitably

□ **purchase** 動 購入する
□ **defective** 形 欠陥のある
□ **dryer** 名 乾燥機

138. More than 400 people have <u>reportedly</u> purchased the defective dryer in the last week.

伝えられるところによると、この1週間で400人以上の人が欠陥のある乾燥機を購入している。

<u>ポイント</u> **reportedly**は「伝えられるところによると」

「この1週間で400人以上の人が欠陥のある乾燥機を購入している」という文意に合うのは、(B) reportedly（伝えられるところによると）。in the last weekは、現在完了形の文で使われると、「この1週間で、直近の7日間で」。

(A) urgentlyは、「緊急に、至急に」。

New microscopes are urgently needed in the laboratory.

研究所では、新しい顕微鏡が緊急に必要である。

(C) extremelyは、「とても、極度に」。

Ms. Vale knows our products extremely well.

Valeさんは、私たちの製品をとてもよく知っている。

(D) suitablyは、「適切に、ふさわしく」。

Fender Plastics is facing a shortage of suitably qualified chemists.

Fender Plasticsは、相応の資格を持った化学者の不足に直面している。

139. Mr. Durban is ------- board a flight to Mumbai, where he will meet with his company's main supplier.

(A) close to
(B) about to
(C) ahead of
(D) aside from

□ **board** 動 搭乗する
□ **flight** 名 フライト、航空便
□ **main** 形 主要な
□ **supplier** 名 供給業者

139. Mr. Durban is <u>about to</u> board a flight to Mumbai, where he will meet with his company's main supplier.

Durbanさんは、彼の会社の主要な供給業者と会う場所であるMumbaiへ向かうフライトに搭乗するところである。

正解 (B) about to 　熟語

ポイント be about to 〜で「〜するところである」

空欄後のboardは、「搭乗する」の意の動詞。選択肢中、後ろに動詞の原形を取れるのは、(B) about toのみ。Mr. Durban is about to board a flight to Mumbaiで「Durbanさんは Mumbai行きのフライトに搭乗するところである」。(A) close toのtoは、前置詞で後ろには名詞相当語句（動詞の-ing形など）が続く。

(A) close to は、「〜の近くに、〜寸前で」。

Garbage bags should be placed close to the curb.

ゴミ袋は、縁石の近くに置かれるべきである。

(C) ahead of は、「〜の前に」。

Mr. Myers finished the quarterly audit ahead of schedule.

Myersさんは、四半期の監査を予定より早く終えた。

(D) aside from は、「〜の他に」。

There's nothing left to do aside from turning on the store's "Open" sign.

店の「開店」のネオンサインの電源を入れる他に、するべきことは何も残っていない。

140. Among the country's ten largest cities, ------- along the east coast are most in need of urban renewal.

(A) this
(B) either
(C) the other
(D) the ones

□ **among** 前 ～の中で
□ **along** 前 ～沿いの
□ **east coast** 東海岸
□ **in need of ～** ～を必要として
□ **urban renewal** 再開発、都市の再生

140. Among the country's ten largest cities, <u>the ones</u> along the east coast are most in need of urban renewal.

国の10大都市の中で、東海岸沿いの都市が再開発を最も必要としている。

正解　(D) the ones　混合

ポイント　**the onesは、前出の名詞の中の一部を指す**

(D) the ones は、前に出た名詞が示す人や物のうちの一部を指す。ここでは、空欄前にAmong the country's ten largest cities (国の10大都市の中で) とあるので、(D) を使うと、the onesが国の10大都市の一部を指し、文が成り立つ。

(A) this は、代名詞で「これ」、形容詞で「この」。

Among the three printers we considered, this is the fastest.

検討した3つのプリンターの中で、これが最速である。

(B) either は、代名詞で「どちらか」、形容詞で「どちらかの」。

The real estate agent showed Rick two apartments, but he did not like either.

不動産業者はRickに2つのアパートを見せたが、彼はどちらも気に入らなかった。

(C) the other は、「(2つの人・物の) もう一方、(3つ以上の人・物の) 残りの1人、1つ」。

I like both suits, but one is too small, and the other is too expensive.

私は両方のスーツが好きだが、一方は小さすぎ、もう一方は高すぎる。

141. After much -------, the committee
presented a set of rules for protecting
the personal data of clients.

(A) outcome
(B) precision
(C) knowledge
(D) deliberation

□ **committee** 名 委員会
□ **present** 動 提示する
□ **a set of** 〜　一連の〜
□ **protect** 動 保護する
□ **personal** 形 個人の
□ **client** 名 顧客

141. After much <u>deliberation</u>, the committee presented a set of rules for protecting the personal data of clients.

熟考の末、委員会は顧客の個人データを保護するための一連の規則を提示した。

正解 (D) deliberation　名詞

ポイント after much deliberation で「熟考の末」

after much deliberation で「熟考の末」という意味になるので、(D) deliberation（熟考）が正解。

(A) outcome は、「結果」。

My. Harden was hopeful about the outcome of the meeting.

Harden さんは、会議の結果に希望を持っていた。

(B) precision は、「正確さ、精度」。with precision で「正確に」。

We cannot predict earthquakes with precision.

私たちは、地震を正確に予測することはできない。

(C) knowledge は、「知識」。

My knowledge and skills would be an asset to your company.

私の知識と技能は、貴社の財産になることでしょう。

142. Following Mr. Tilbury's resignation last month, the airline ------- a new chief executive officer.

(A) decided
(B) invested
(C) appointed
(D) detected

□ **following** 前 〜に続き、〜を受けて
□ **resignation** 名 辞任
□ **airline** 名 航空会社
□ **chief executive officer** 最高経営責任者

142. Following Mr. Tilbury's resignation last month, the airline <u>appointed</u> a new chief executive officer.

先月のTilburyさんの辞任を受けて、その航空会社は新しい最高経営責任者を任命した。

正解 (C) appointed　動詞

ポイント　appointは「任命する」

the airline ------- a new chief executive officer（航空会社は新しい最高経営責任者を〜）には、(C) appointed（任命した）が合う。(A) decided（決める）は、decide on 〜で「〜を選ぶ」になるので、空欄後に前置詞onがあれば可。

(A) decided（原形decide）は、「決める」。decide on〜で「〜を選ぶ」。

　We decided on a new chief executive officer.

　我々は、新しい最高経営責任者を選んだ。

(B) invested（原形invest）は、「投資する」。

　She invested a lot of money in a foreign steel company.

　彼女は、外国の鉄鋼会社に多額の投資をした。

(D) detected（原形detect）は、「検知する」。

　A sensor detected the gas leak in the cafeteria kitchen.

　カフェテリアのキッチンで、感知装置がガス漏れを検知した。

143. Ms. Marble has been tasked with developing and implementing an ------- fundraising plan for the organization.

(A) assorted
(B) excessive
(C) alert
(D) innovative

□ **task** 動 仕事を課す
□ **develop** 動 （計画を）立てる
□ **implement** 動 実施する
□ **fundraising** 名 資金調達
□ **organization** 名 組織

143. Ms. Marble has been tasked with developing and implementing an <u>innovative</u> fundraising plan for the organization.

Marbleさんは、その組織のために革新的な資金調達計画を立て、実施することを課されている。

正解 (D) innovative 形容詞

ポイント innovativeは「革新的な」

空欄後の fundraising plan (資金調達計画) を修飾する語として、(D) innovative (革新的な) が適切。an innovative fundraising plan で「革新的な資金調達計画」。

(A) assorted は、「種々雑多の、盛り合わせの」。

Tim ordered roast chicken with assorted vegetables.

Timは、ローストチキンの野菜盛り合わせ添えを注文した。

(B) excessive は、「過剰な、過度の」。

Excessive exercise can cause health problems.

過度の運動は、健康上の問題を起こすことがある。

(C) alert は、「警戒した、注意を怠らない、機敏な」。名詞では「警報、警告」、動詞では「警報を出す、注意を喚起する」。

We are always alert to our customers' needs.

我々は、常に顧客のニーズに気を配っている。

144. New Zealand is strongly ------- on imports of electrical machinery and equipment from overseas.

(A) dependent
(B) responsive
(C) subsequent
(D) supportive

□ **strongly** 副 強く
□ **import** 名 輸入
□ **electrical** 形 電気の
□ **machinery** 名 機械
□ **equipment** 名 装置、設備、機器
□ **from overseas** 海外から

144. New Zealand is strongly <u>dependent</u>
on imports of electrical machinery and
equipment from overseas.

ニュージーランドは、海外からの電気機械装置の輸入に強く
依存している。

<u>正解 (A) dependent 形容詞</u>

ポイント be dependent on 〜で「〜に依存している」

空欄後に前置詞onがあるので、(A) dependent (依存した) を
使い、be dependent on 〜 (〜に依存している) の形にする。

(B) responsive は、「反応する、反応が早い」。be respon-
sive to 〜で「〜に対応している」。

The owner of Wilson Groceries is always
responsive to customer needs.

Wilson Groceriesのオーナーは、常に顧客のニーズに対応している。

(C) subsequent は、「次の、続く」。

All of Mr. Tweed's subsequent questions were
similar to his first.

Tweedさんのその後の質問は、すべて最初の質問と似ていた。

(D) supportiveは、「支援する」。be supportive of 〜で「〜
を支援している」。

Anita's manager was very supportive of her
professional development.

Anitaの上司は、彼女の職能開発を強く支援してくれた。

145. If booked far ------- in advance, a round-trip air ticket between Hong Kong and Singapore costs about $250.

(A) much
(B) apart
(C) sure
(D) enough

□ **book** 動 予約する
□ **far** 副 はるか、ずっと
□ **in advance** 事前に
□ **round-trip** 形 往復の
□ **cost** 動 費用がかかる、(値段が) 〜になる

145. If booked far <u>enough</u> in advance, a round-trip air ticket between Hong Kong and Singapore costs about $250.

十分前もって予約された場合、香港とシンガポールの間の往復航空券は、約250ドルになる。

ポイント **enoughは形容詞・副詞を後ろから修飾**

If booked far ------- in advanceという並びなので、空欄には前の副詞farを修飾する語が必要。副詞の (D) enough (十分に) は、形容詞や副詞を後ろから修飾するので、これが正解。farは時間的に遠いことを意味し、enoughはその程度が十分であることを示す。よって、far enough in advanceで「十分前もって」。

(A) much は、副詞で「とても、ずっと」、形容詞で「多い、たくさんの」、代名詞で「多量、たくさん」。
The rent was much cheaper than I had expected.
家賃は、私が予想したよりずっと安かった。

(B) apartは、副詞で「離れて、ばらばらに」。apart from ~ で「~は別として、~以外は」。
Apart from the manager, everyone was surprised at the news.
部長以外、全員その知らせに驚いた。

(C) sureは、形容詞で「確信している、確かな」、副詞で「確かに、(返答として) 承知しました」。
I'm not sure how long it will take.
私は、それがどのくらいかかるか定かではない。

146. Ms. Marley plays soothing music at her bookstore to ------- shoppers to spend more time browsing.

(A) anticipate
(B) encourage
(C) deserve
(D) distribute

□ **play** 動（音楽を）流す
□ **soothing** 形 心地良い
□ **bookstore** 名 書店
□ **shopper** 名 買い物客
□ **browse** 動（商品を）見て回る

146. Ms. Marley plays soothing music at her bookstore to <u>encourage</u> shoppers to spend more time browsing.

Marleyさんは、客がより長い時間、見て回ることを促すため、書店で心地良い音楽を流す。

正解 **(B) encourage** 動詞

ポイント **encourageは「促す」**

to 以下の部分が前半の「Marleyさんは彼女の書店で心地良い音楽を流す」ことの目的を示すので、(B) encourage (促す) が適切。encourage A to 〜で「Aが〜するように促す」。

(A) anticipate は、「予測する、期待する」。

Fans of the team anticipate that its head coach will retire next year.

チームのファンは、そのヘッドコーチが来年退任すると予測している。

(C) deserve は、「受けるに値する、ふさわしい」。

Michele and Ian deserve more recognition for their hard work.

Michele と Ian は、彼らの激務に対してもっと高い評価を受けるに値する。

(D) distribute は、「配布する、流通させる」。

I will distribute the agenda to all members of the committee.

私が全委員に議題を配布します。

147. Sales ------- must be able to produce accurate reports in a timely manner.

(A) personnel
(B) research
(C) evidence
(D) network

□ **be able to ～**　～できる
□ **produce**　動 作成する
□ **accurate**　形 正確な
□ **report**　名 報告書
□ **in a timely manner**　すみやかに

147. Sales <u>personnel</u> must be able to produce accurate reports in a timely manner.

販売員は、正確な報告書をすみやかに作成できなければならない。

正解 (A) personnel　名詞

ポイント　**sales personnel で「販売員」**

空欄には、must be able to produce accurate reports in a timely manner（正確な報告書をすみやかに作成できなければならない）の主語となる語が入るので、人を表す (A) personnel（従業員）が適切。sales personnel で「販売員」。この語は不可算名詞で、複数形にはならない。また、personnel は「人事部（課）」という意味にもなる。

(B) research は、「研究」。

Dr. Herring discussed his latest research at the conference.

Herring博士は、学会で彼の最新の研究について話した。

(C) evidence は、「証拠」。

There is sufficient evidence that the treatment works.

その治療法は効果があるということを示す十分な証拠がある。

(D) network は、「ネットワーク」。

The company's computer network is down again.

会社のコンピューターネットワークが再び停止している。

148. Seating preference will be given to ------- who register for the seminar earliest.

(A) those
(B) each
(C) other
(D) another

□ **seating** 名 座席
□ **preference** 名 (選択の) 優先権
□ **register** 動 登録する

148. Seating preference will be given to <u>those</u> who register for the seminar earliest.

座席の優先権は、セミナーに早く登録される方に与えられます。

正解 (A) those 代名詞

ポイント **those**は「人々」

(A) those は、代名詞として those people (人々) の意味を表す用法があるので、空欄後の who register for the seminar earliest (セミナーに早く登録する) と上手くつながる。those who 〜で「〜する人々」。

(B) each は、「それぞれ」。形容詞では「それぞれの」。

The hotel has three swimming pools, each in a beautiful garden setting.

そのホテルは3つのプールを備えており、それぞれ美しい庭園内にある。

(C) other は、「もう一方の人・物」。形容詞では「別の、他の」。

We have two factories in Asia, one in Thailand and the other in Vietnam.

当社はアジアに2つの工場を持っており、1つはタイ、もう1つはベトナムにある。

(D) another は、「もう1つ、もう1人」。形容詞で「もう1つの、もう1人の」。

You can transfer money from one account to another.

あなたは、1つの口座から別の口座に送金できる。

149. ------- open to gym members only, the nutrition classes are now available to the public.

(A) Highly
(B) Previously
(C) Suddenly
(D) Broadly

□ **open to ～** ～に開放されている
□ **nutrition** 名 栄養
□ **available** 形 利用できる
□ **the public** 一般の人

149. Previously open to gym members only, the nutrition classes are now available to the public.

栄養クラスは、以前はジムの会員のみに開放されていたが、現在一般の人も受講できる。

正解 (B) Previously 副詞

ポイント previouslyは「以前は」

カンマ前の「ジムの会員のみに開放されている」とカンマ後の「栄養クラスは現在一般の人も受講できる」の関係を考えると、(B) Previously（以前は）が適切。Previously open to gym members onlyは、分詞構文のBeing previously open to gym members only の Being が省略された形。

(A) Highlyは、形容詞high（高い）の副詞形で、「高く、非常に」。

Highly regarded for her acting ability, Cynthia has starred in many films.

演技力を高く評価され、Cynthiaは多くの映画に主演している。

(C) Suddenlyは、形容詞sudden（突然の、急な）の副詞形で、「突然、急に」。

Suddenly the front door was blown open.

突然、玄関のドアが吹き開けられた。

(D) Broadlyは、形容詞broad（広い、大まかな）の副詞形で、「広く、大まかに」。

Broadly speaking, the economy is growing slowly.

大まかに言って、経済はゆっくりと成長している。

150. The island is part of a marine reserve, and ------- only a few tourists are allowed to visit.

(A) because
(B) for that reason
(C) on account of
(D) why

□ **part of 〜** 〜の一部
□ **marine reserve** 海洋保護区
□ **only a few** ごくわずかの
□ **tourist** 名 観光客
□ **allow** 動 許す、許可する
□ **visit** 動 訪れる

150. The island is part of a marine reserve, and <u>for that reason</u> only a few tourists are allowed to visit.

その島は海洋保護区の一部であり、その理由でほんの数名の観光客しか訪問を許されていない。

ポイント for that reason で「その理由で」

空欄前の The island is part of a marine reserve（その島は海洋保護区の一部である）は、空欄後の only a few tourists are allowed to visit（ほんの数名の観光客しか訪問を許されていない）の理由になっているので、(B) for that reason（その理由で）が適切。

(A) because は、接続詞で「〜なので」。

Because the island is part of a marine reserve, only a few tourists are allowed to visit.

その島は海洋保護区の一部なので、ほんの数名の観光客しか訪問を許されていない。

(C) on account of は、「〜の理由で」。

The race was postponed on account of the inclement weather.

悪天候のため、レースは延期された。

(D) why は、副詞で「なぜ」。that is why 〜 で「その理由で〜」。

The island is part of a marine reserve, and that is why only a few tourists are allowed to visit.

その島は海洋保護区の一部であり、その理由でほんの数名の観光客しか訪問を許されていない。

- - - - - リトリキ ✂ - - - - - - - - - - - - -

TOEIC® L&R TEST パート5特急 基本の150 解答マークシート

Unit 1 1-60

1	Ⓐ Ⓑ Ⓒ Ⓓ	13	Ⓐ Ⓑ Ⓒ Ⓓ	25	Ⓐ Ⓑ Ⓒ Ⓓ	37	Ⓐ Ⓑ Ⓒ Ⓓ	49	Ⓐ Ⓑ Ⓒ Ⓓ
2	Ⓐ Ⓑ Ⓒ Ⓓ	14	Ⓐ Ⓑ Ⓒ Ⓓ	26	Ⓐ Ⓑ Ⓒ Ⓓ	38	Ⓐ Ⓑ Ⓒ Ⓓ	50	Ⓐ Ⓑ Ⓒ Ⓓ
3	Ⓐ Ⓑ Ⓒ Ⓓ	15	Ⓐ Ⓑ Ⓒ Ⓓ	27	Ⓐ Ⓑ Ⓒ Ⓓ	39	Ⓐ Ⓑ Ⓒ Ⓓ	51	Ⓐ Ⓑ Ⓒ Ⓓ
4	Ⓐ Ⓑ Ⓒ Ⓓ	16	Ⓐ Ⓑ Ⓒ Ⓓ	28	Ⓐ Ⓑ Ⓒ Ⓓ	40	Ⓐ Ⓑ Ⓒ Ⓓ	52	Ⓐ Ⓑ Ⓒ Ⓓ
5	Ⓐ Ⓑ Ⓒ Ⓓ	17	Ⓐ Ⓑ Ⓒ Ⓓ	29	Ⓐ Ⓑ Ⓒ Ⓓ	41	Ⓐ Ⓑ Ⓒ Ⓓ	53	Ⓐ Ⓑ Ⓒ Ⓓ
6	Ⓐ Ⓑ Ⓒ Ⓓ	18	Ⓐ Ⓑ Ⓒ Ⓓ	30	Ⓐ Ⓑ Ⓒ Ⓓ	42	Ⓐ Ⓑ Ⓒ Ⓓ	54	Ⓐ Ⓑ Ⓒ Ⓓ
7	Ⓐ Ⓑ Ⓒ Ⓓ	19	Ⓐ Ⓑ Ⓒ Ⓓ	31	Ⓐ Ⓑ Ⓒ Ⓓ	43	Ⓐ Ⓑ Ⓒ Ⓓ	55	Ⓐ Ⓑ Ⓒ Ⓓ
8	Ⓐ Ⓑ Ⓒ Ⓓ	20	Ⓐ Ⓑ Ⓒ Ⓓ	32	Ⓐ Ⓑ Ⓒ Ⓓ	44	Ⓐ Ⓑ Ⓒ Ⓓ	56	Ⓐ Ⓑ Ⓒ Ⓓ
9	Ⓐ Ⓑ Ⓒ Ⓓ	21	Ⓐ Ⓑ Ⓒ Ⓓ	33	Ⓐ Ⓑ Ⓒ Ⓓ	45	Ⓐ Ⓑ Ⓒ Ⓓ	57	Ⓐ Ⓑ Ⓒ Ⓓ
10	Ⓐ Ⓑ Ⓒ Ⓓ	22	Ⓐ Ⓑ Ⓒ Ⓓ	34	Ⓐ Ⓑ Ⓒ Ⓓ	46	Ⓐ Ⓑ Ⓒ Ⓓ	58	Ⓐ Ⓑ Ⓒ Ⓓ
11	Ⓐ Ⓑ Ⓒ Ⓓ	23	Ⓐ Ⓑ Ⓒ Ⓓ	35	Ⓐ Ⓑ Ⓒ Ⓓ	47	Ⓐ Ⓑ Ⓒ Ⓓ	59	Ⓐ Ⓑ Ⓒ Ⓓ
12	Ⓐ Ⓑ Ⓒ Ⓓ	24	Ⓐ Ⓑ Ⓒ Ⓓ	36	Ⓐ Ⓑ Ⓒ Ⓓ	48	Ⓐ Ⓑ Ⓒ Ⓓ	60	Ⓐ Ⓑ Ⓒ Ⓓ

TOEIC® L&R TEST パート5特急 基本の150 解答マークシート

Unit 2 61-150

#					#					#					#					#					#					#				
61	Ⓐ	Ⓑ	Ⓒ	Ⓓ	73	Ⓐ	Ⓑ	Ⓒ	Ⓓ	85	Ⓐ	Ⓑ	Ⓒ	Ⓓ	97	Ⓐ	Ⓑ	Ⓒ	Ⓓ	109	Ⓐ	Ⓑ	Ⓒ	Ⓓ	121	Ⓐ	Ⓑ	Ⓒ	Ⓓ	133	Ⓐ	Ⓑ	Ⓒ	Ⓓ
62	Ⓐ	Ⓑ	Ⓒ	Ⓓ	74	Ⓐ	Ⓑ	Ⓒ	Ⓓ	86	Ⓐ	Ⓑ	Ⓒ	Ⓓ	98	Ⓐ	Ⓑ	Ⓒ	Ⓓ	110	Ⓐ	Ⓑ	Ⓒ	Ⓓ	122	Ⓐ	Ⓑ	Ⓒ	Ⓓ	134	Ⓐ	Ⓑ	Ⓒ	Ⓓ
63	Ⓐ	Ⓑ	Ⓒ	Ⓓ	75	Ⓐ	Ⓑ	Ⓒ	Ⓓ	87	Ⓐ	Ⓑ	Ⓒ	Ⓓ	99	Ⓐ	Ⓑ	Ⓒ	Ⓓ	111	Ⓐ	Ⓑ	Ⓒ	Ⓓ	123	Ⓐ	Ⓑ	Ⓒ	Ⓓ	135	Ⓐ	Ⓑ	Ⓒ	Ⓓ
64	Ⓐ	Ⓑ	Ⓒ	Ⓓ	76	Ⓐ	Ⓑ	Ⓒ	Ⓓ	88	Ⓐ	Ⓑ	Ⓒ	Ⓓ	100	Ⓐ	Ⓑ	Ⓒ	Ⓓ	112	Ⓐ	Ⓑ	Ⓒ	Ⓓ	124	Ⓐ	Ⓑ	Ⓒ	Ⓓ	136	Ⓐ	Ⓑ	Ⓒ	Ⓓ
65	Ⓐ	Ⓑ	Ⓒ	Ⓓ	77	Ⓐ	Ⓑ	Ⓒ	Ⓓ	89	Ⓐ	Ⓑ	Ⓒ	Ⓓ	101	Ⓐ	Ⓑ	Ⓒ	Ⓓ	113	Ⓐ	Ⓑ	Ⓒ	Ⓓ	125	Ⓐ	Ⓑ	Ⓒ	Ⓓ	137	Ⓐ	Ⓑ	Ⓒ	Ⓓ
66	Ⓐ	Ⓑ	Ⓒ	Ⓓ	78	Ⓐ	Ⓑ	Ⓒ	Ⓓ	90	Ⓐ	Ⓑ	Ⓒ	Ⓓ	102	Ⓐ	Ⓑ	Ⓒ	Ⓓ	114	Ⓐ	Ⓑ	Ⓒ	Ⓓ	126	Ⓐ	Ⓑ	Ⓒ	Ⓓ	138	Ⓐ	Ⓑ	Ⓒ	Ⓓ
67	Ⓐ	Ⓑ	Ⓒ	Ⓓ	79	Ⓐ	Ⓑ	Ⓒ	Ⓓ	91	Ⓐ	Ⓑ	Ⓒ	Ⓓ	103	Ⓐ	Ⓑ	Ⓒ	Ⓓ	115	Ⓐ	Ⓑ	Ⓒ	Ⓓ	127	Ⓐ	Ⓑ	Ⓒ	Ⓓ	139	Ⓐ	Ⓑ	Ⓒ	Ⓓ
68	Ⓐ	Ⓑ	Ⓒ	Ⓓ	80	Ⓐ	Ⓑ	Ⓒ	Ⓓ	92	Ⓐ	Ⓑ	Ⓒ	Ⓓ	104	Ⓐ	Ⓑ	Ⓒ	Ⓓ	116	Ⓐ	Ⓑ	Ⓒ	Ⓓ	128	Ⓐ	Ⓑ	Ⓒ	Ⓓ	140	Ⓐ	Ⓑ	Ⓒ	Ⓓ
69	Ⓐ	Ⓑ	Ⓒ	Ⓓ	81	Ⓐ	Ⓑ	Ⓒ	Ⓓ	93	Ⓐ	Ⓑ	Ⓒ	Ⓓ	105	Ⓐ	Ⓑ	Ⓒ	Ⓓ	117	Ⓐ	Ⓑ	Ⓒ	Ⓓ	129	Ⓐ	Ⓑ	Ⓒ	Ⓓ	141	Ⓐ	Ⓑ	Ⓒ	Ⓓ
70	Ⓐ	Ⓑ	Ⓒ	Ⓓ	82	Ⓐ	Ⓑ	Ⓒ	Ⓓ	94	Ⓐ	Ⓑ	Ⓒ	Ⓓ	106	Ⓐ	Ⓑ	Ⓒ	Ⓓ	118	Ⓐ	Ⓑ	Ⓒ	Ⓓ	130	Ⓐ	Ⓑ	Ⓒ	Ⓓ	142	Ⓐ	Ⓑ	Ⓒ	Ⓓ
71	Ⓐ	Ⓑ	Ⓒ	Ⓓ	83	Ⓐ	Ⓑ	Ⓒ	Ⓓ	95	Ⓐ	Ⓑ	Ⓒ	Ⓓ	107	Ⓐ	Ⓑ	Ⓒ	Ⓓ	119	Ⓐ	Ⓑ	Ⓒ	Ⓓ	131	Ⓐ	Ⓑ	Ⓒ	Ⓓ	143	Ⓐ	Ⓑ	Ⓒ	Ⓓ
72	Ⓐ	Ⓑ	Ⓒ	Ⓓ	84	Ⓐ	Ⓑ	Ⓒ	Ⓓ	96	Ⓐ	Ⓑ	Ⓒ	Ⓓ	108	Ⓐ	Ⓑ	Ⓒ	Ⓓ	120	Ⓐ	Ⓑ	Ⓒ	Ⓓ	132	Ⓐ	Ⓑ	Ⓒ	Ⓓ	144	Ⓐ	Ⓑ	Ⓒ	Ⓓ

#				
145	Ⓐ	Ⓑ	Ⓒ	Ⓓ
146	Ⓐ	Ⓑ	Ⓒ	Ⓓ
147	Ⓐ	Ⓑ	Ⓒ	Ⓓ
148	Ⓐ	Ⓑ	Ⓒ	Ⓓ
149	Ⓐ	Ⓑ	Ⓒ	Ⓓ
150	Ⓐ	Ⓑ	Ⓒ	Ⓓ

著者紹介

神崎 正哉 (かんざき・まさや)

1967年、神奈川県生まれ。やどかり出版株式会社代表取締役。神田外語大学准教授。東京水産大学 (現東京海洋大学) 海洋環境工学科卒。テンプル大学大学院修士課程修了 (英語教授法)。TOEIC® L&R TEST は、1997年11月〜2017年11月の間に146回受験し、990点 (満点) 99回取得。TOEIC® Speaking Test 200点 (満点)、TOEIC® Writing Test 200点 (満点)、英検1級、国連英検特A級、ケンブリッジ英検CPEなど、英語の資格を多数保持。著書に『新TOEIC® TEST 出る順で学ぶボキャブラリー990』(講談社)、共著書に『TOEIC® L&R TEST 標準模試2』(yadokari) などがある。

Daniel Warriner (ダニエル・ワーリナ)

1974年、カナダ、ナイアガラフォールズ生まれ。ブロック大学英文学科卒。1998年来日。北海道大学、都内の英語学校でTOEIC® L&R Test 対策、英会話を教えるとともに、講師トレーニング及び教材開発に携わる。現在、翻訳会社に勤務。共著書に「TOEIC® L&R TEST 読解特急シリーズ」(小社)、『はじめての新TOEIC® TEST 完全総合対策』(IBC パブリッシング)、『TOEIC® L&R TEST 標準模試2』(yadokari) などがある。

TOEIC® L&R TEST パート5特急
基本の150

2023 年 4 月 30 日　第 1 刷発行

著　者	神崎 正哉 Daniel Warriner
発行者	宇都宮 健太朗
装　丁	川原田 良一
本文デザイン	コントヨコ
イラスト	cawa-j ☆ かわじ
印刷所	大日本印刷株式会社
発行所	朝日新聞出版

〒 104-8011　東京都中央区築地 5-3-2
電話 03-5541-8814（編集）　03-5540-7793（販売）
© 2023 Masaya Kanzaki, Daniel Warriner
Published in Japan by Asahi Shimbun Publications Inc.
ISBN 978-4-02-332284-4
定価はカバーに表示してあります。
落丁・乱丁の場合は弊社業務部（電話 03-5540-7800）へご連絡ください。
送料弊社負担にてお取り替えいたします。